于漪 主编
"青青子衿"传统文化书系

域外传播

黄荣华 李听 编著

山西出版传媒集团
山西教育出版社

图书在版编目（CIP）数据

域外传播/黄荣华，李昕编著. —太原：山西教育出版社，2016.5 (2022.6 重印)
（"青青子衿"传统文化书系/于漪主编）
ISBN 978-7-5440-8344-7

Ⅰ. ①域… Ⅱ. ①黄… ②李… Ⅲ. ①中华文化-通俗读物 Ⅳ. ①K203-49

中国版本图书馆 CIP 数据核字（2016）第 065520 号

域外传播
YUWAI CHUANBO

责任编辑	郭志强
复　　审	刘晓露
终　　审	薛海斌
装帧设计	薛　菲　孟庆媛
印装监制	蔡　洁

出版发行	山西出版传媒集团·山西教育出版社
	（太原市水西门街馒头巷 7 号　电话：：0351-4729801　邮编：030002）
印　　装	北京一鑫印务有限责任公司
开　　本	889×1194　1/32
印　　张	7.875
字　　数	171 千字
版　　次	2016 年 5 月第 1 版　2022 年 6 月第 2 次印刷
印　　数	8 001—11 000 册
书　　号	ISBN 978-7-5440-8344-7
定　　价	48.00 元

如发现印装质量问题，影响阅读，请与印刷厂联系调换。电话：010-61424266

序言

　　文化是民族的血脉，是人的精神家园。
　　一颗没有精神家园的心灵，就会浮游飘荡，既不可能潜心思考自己生命的意义与价值，也不可能对他人有真挚的情感关切，更不可能对社会有发自肺腑的责任感。
　　中华传统文化源远流长，其中的优秀遗产积淀着中华民族最深层的精神追求，代表着中华民族独特的精神标志，为中华民族生生不息、发展壮大提供了丰厚滋养。她哺育了一代代中华优秀儿女，支撑他们成为中国的脊梁。
　　成长中的青少年认真汲取其中的精华和道德精髓，就会长智慧，明方向，增力量，懂得自己根在何处，魂在何方。经典活在时间的深处；价值追求，在文字海洋里奔腾。《"青青子衿"传统文化书系》助你发现其中蕴含的优秀文化基因，探寻当下时代的使命，让您有渴饮琼浆的快乐，醍醐灌顶的惊喜。

于漪 2015年岁末

前言

以前我们对中华文化的域外传播可能没有怎么关注,一般只是对"四大发明"的传播略知一二。其实,中华文化的域外传播历史悠久,地域广泛,种类众多。说悠久,是因为中华文化很早就开始了传播之旅,约在公元前 11 世纪东传朝鲜,公元前 5 世纪西传古希腊;说广泛,是因为中华文化已传播到了世界各地;说众多,是因为中华文化的无数伟大创造,如物质产品、科学技术、典章制度、文学艺术、学术思想、宗教信仰、民风民俗等,皆被传播。

我们对中华文化的域外传播了解不多,主要原因是近代以来中国在与帝国主义列强的抗争中,对自己文化的认知偏向于落后一面。我们的文化确实有落后的一面,但受西方中心主义的影响也不容忽视。

何谓西方中心主义？简单地说，就是认为人类的历史围绕西方文化展开，因为西方文化优于、高于非西方文化，西方文化的价值、理想追求代表非西方文化的发展方向。近代以来，西方文化在世界范围内的"成功"扩张，是"西方中心主义"形成的肥沃土壤。西方中心主义本质上是西方的观点或立场，是以西方文化价值衡量非西方文化价值的方式。中国文化由于在近代以来与西方文化的比拼中"败下阵来"，很自然就被西方中心主义视为落后文化。因此，在长达一百多年的这种"歧视视角"中，我们自己也就逐步接受了这种"被歧视"，以至于无法真正认识自己的文化。

西方对中华文化的认识过程可大致分为四个时期：13世纪前西方对中国的认识非常模糊，只有片段式的想象；13—18世纪中国形象在西方逐步高大起来，至18世纪西方形成了长达一个世纪的"中国热"，像伏尔泰、莱布尼茨等启蒙主义领袖都从中华文化中借力；19世纪之后，特别是鸦片战争之后，随着西方中心主义的逐步形成，中华文化落后的部分被放大、定格，以至于中国被西方视为落后的象征，中国人成为西方人嘲笑的对象；20世纪后期至今，随着中国的逐步崛起，西方人眼中的中国形象也正在发生变化。总的来说，西方对中国的认识一直在变化。尤其要说明的是，即使在我们的文化最受西方歧视的19世纪末20世纪初，西方也有相当一批有识之士发现了中华文化的伟大之处，以至于终身热爱，如雨果，如托尔斯泰，如黑塞。

本书分为"绪篇""东方编""西方编"，以系统介绍中华文化在域外的传播。"绪篇"是从总体上介绍。由于篇幅所限，也由于我们对中华文化在东方传播的认知相比较在西方传播的认知要丰富一些，所以本书侧重介绍中华文化在西方的传播情况；而介绍在东方的传播时则只选取"中华文化圈"内的朝鲜、日本、越南，其他东方国家则不涉及，这与本书以儒家文化与道家文化的传播作为介绍的主要内容相关，因朝鲜、日本、越南的古代文明基本上可以说就是儒家文明，而东方其他国家则不能一概而论。

在编写本书的过程中笔者有一种强烈的感受，就是儒家文化与道家文化的世界意义在逐步显现，在未来一定会有更突出的表现。这里引述托尔斯泰、黑塞和李约瑟的话，以略作参照。

伟大的托尔斯泰曾在日记中写道："如果没有孔子和老子，《福音书》是不完整的，而没有《福音书》，于孔子则无损。"诺贝尔文学奖获得者黑塞在给好友茨威格的信中说："中国人的文化理想与我们现代西方的文化理想是如此相反，以至我们应该为地球另一面拥有如此坚定和值得崇敬的一种对极而感到高兴。企望整个世界欧洲化或中国化都是愚蠢的，我们应该尊重这种陌生的精神，否则，人们就什么也学不到，也不能互相接受；我们应该期待远东至少成为我们的老师，就像长期以来我们对西亚所做的一样（只要想想歌德）。"英国著名科学史家李约瑟说："今天保留下来的和各个时代的中国文化、中国传统、中国社会的精神气质和中国人的人事事务，在许多方面将对日后指引人类世界做出十分重要的贡献。"

人贵有自知之明。"自知"既要知己之短，也要知己之长，这样才会真正有"可贵"的"聪明"。长期以来，受种种蒙蔽，我们对自己的文化似乎只知其短，不晓其长，以至以长为短，这对我们变成"聪明"人十分不利。因此,有必要通过认识别人对我们文化的认知与接受,来更好地认识自己,使自己真正"聪明"起来。我们期待,这本小书,对我们认识自己的文化有一点点帮助。倘能如此,编写的目的就实现了。

目录

绪篇 ::001
  我们这样走向世界 ::002

东方编 ::023
  一 中国文化与中国文化圈 ::024
  二 儒学与朝鲜古代的大学 ::032
  三 汉诗与朝鲜汉文学鼻祖 ::038
  四 朝鲜的"李太白" ::042
  五 汉字与日本史书 ::047
  六 《论语》在日本 ::053

  七　中国文学与日本文学　::057
  八　儒家思想在越南　::066

西方编　::071
  一　成吉思汗西征与传教士来华　::072
  二　《马可·波罗游记》与欧洲对中国的向往　::079
  三　传教士来华与18世纪欧洲"中国热"　::087
  四　儒家思想与西方启蒙运动　::104
  五　中国文化与歌德　::124
  六　中国文化与雨果及谢阁兰等　::132
  七　中国圣贤与托尔斯泰　::168
  八　中国文化与卡夫卡　::183
  九　道家与西方思想　::200

绪篇

我们这样走向世界

一、中华文明的独特性

当今世界主要的文明体,一般认为有中华文明、日本文明、印度文明、伊斯兰文明、东正教文明、西方文明、拉丁美洲文明、非洲文明。

在这些文明体中,保持了起源与发展独立性的,只有中华文明。"古埃及文明早已消亡,美索不达米亚文明和印度河文明也早已不复存在,但是中国文明却不间断地延续了下来。今天,中国可以为拥有世界上最古老持久的文明而自豪。"①"所有的学者都承认存在着一个单一的独特的中国文明。它可以追溯到至少公元前1500年,也许还可以再往前追溯1000年……虽然儒教是中国文明的重要组成部分,但中国文明却不仅是儒教,而且它也超越了作为一个

---

① 斯塔夫里阿诺斯:《全球通史:从史前史到21世纪》上册,北京大学出版社2006年第2版,第70页。

政治实体的中国。许多学者所使用的'中华'（Sinic）一词，恰当地描述了中国和中国以外的东南亚以及其他地方华人群体的共同文化，还有越南和朝鲜的相关文化。""一些学者在一个单一的远东文明的称呼下把日本文明和中国文明合并在一起。然而大多数学者不这样看，而是承认日本文明是一个独特的文明，它是中国文明的后代，出现于公元100—400年间。"[1]

在我们一般人的概念中，"中国"与"中华"是混同的。但若从文明意义的表述角度看，显然"中华"所涉更加广泛，因为"中国"具有政治实体意义，而"中华"则是一个文化概念。"'中华'之得名，由来已久。华夏先民因建都黄河流域，四裔环绕，故自称'中华'，指地处中原的华夏族。中华之'中'，意谓居四方之中；又有'以己为中'之意，与'以人为外'相对应。中华之'华'，意谓具有文化的民族。《唐律名例疏议释义》说：'中华者，中国也。亲被王教，自属中国，衣冠威仪，习俗教悌，居身礼仪，故谓之中华。'这里发掘的是'中华'的文化内涵，而并未局限于种族意义。故'中华'是一个文化人类学概念，而并非体质人类学概念。"[2]

那么，中华文明何以有别于其他文明，能几千年生生不息？文化史研究者从地理背景、经济土壤、社会结构、语言文字等方面给予了回答。

中华文化拥有一个更为辽阔的地理发展空间。中华民族栖息的

---

[1] 塞缪尔·亨廷顿：《文明的冲突与世界秩序的重建》，新华出版社2010年版，第24页。

[2] 冯天瑜等：《中华文化史》，上海人民出版社2005年版，第1页。

北半球东亚大陆，是一个极其恢宏辽远的地理空间，有1000多万平方千米，其中仅黄河流域就有七八十万平方千米。古代所谓的"九州"（豫州、冀州、兖州、青州、徐州、扬州、荆州、雍州、幽州），包括燕山山脉以南、五岭以北、青藏高原以东的广大区域，面积在300万平方千米左右，可谓天地广大，腹地纵深，地形、地貌、气候条件繁复多样，有极开阔的回旋空间，这是其他诸多古文明的发祥地难以比拟的。古埃及文明栖息地尼罗河冲积平原，只有三四万平方千米；美索不达米亚文明的发祥地两河流域，虽然比古埃及文明依托的尼罗河冲积平原辽阔，但也限制在几万平方千米的格局内；古希腊文明起源的克里特岛和伯罗奔尼撒半岛的滨海平原，更是腹地狭窄；印度文明相对来说，它的发源地比较辽阔，印度河流域的哈拉巴和莫恒达罗周围有十几万平方千米，后又扩展到恒河流域及德干高原，但横亘北方的喜马拉雅山和帕米尔高原，使得它的活动范围基本上局限于印度半岛，其地形、地貌、气候条件远不及中华文明所处的东亚大陆繁复多样。

在这样一个辽阔的地理发展空间内，中华大地上大致形成了两种经济区——农耕区与游牧区，而以农耕文化为主体文化，古诗《击壤之歌》所描述的"日出而作，日入而息，凿井而饮，耕田而食"，成了古代中华民族最主要的生活方式。

与这种生活方式同时滋长的就是社会结构。在漫长的古代社会中，中华社会结构有过发展变化，但由血缘纽带维系的宗法家国结构却一直保留完整。严复在《社会通诠》译序中说："由唐虞以迄于周，中间二千余年，皆封建之时代，而所谓宗法亦于此时最备。其圣人，宗法社会之圣人也。其制度典籍，宗法社会之制度典籍也。物穷则必变，商君、始皇帝、李斯起，而郡县封域，阡陌土

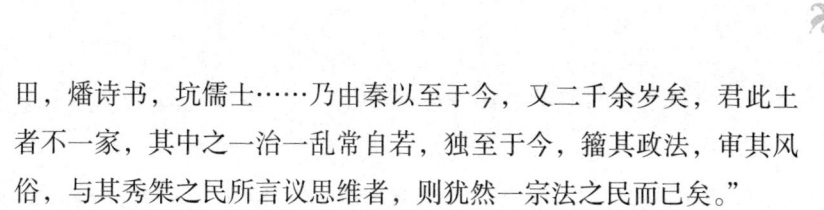

田,燔诗书,坑儒士……乃由秦以至于今,又二千余岁矣,君此土者不一家,其中之一治一乱常自若,独至于今,籀其政法,审其风俗,与其秀桀之民所言议思维者,则犹然一宗法之民而已矣。"

在这种超稳定的血缘纽带维系下,社会结构也具有了超稳定的特征:

父系单系世系原则不可逾越。在世界各民族中,由原始社会过渡到阶级社会初期,都有过父系单系世系时期,但一般此后都有变化。只有中华民族,在几千年的古代社会中,始终坚持这一原则。因此,在家庭财产继承方面,没有女性的地位;在一些专门技术领域,严格遵守"传媳不传女"的家规。特别是在政治权力的继承关系中,母系成员绝不能染指。因此,除武则天外,中国历史上未有其他女性称帝,而在欧洲、印度,女王、女皇并不鲜见。

家族制度长盛不衰。祠堂、家谱、公田,是维系家族的三大力量。《论语》说:"慎终追远,民德归厚矣。"清代全祖望在《桓溪全氏祠堂碑文》中说:"宗祠之礼,则所以维四世之服之穷,五世之姓之杀,六世之属之竭。昭穆虽远,犹不至视若路人者,宗祠之力也。"家谱记载全族的世系源流、子嗣系统、婚配关系、祖宗墓地、族产公田、族规家法等。它的作用是防止因年代久远或居处迁徙而发生血缘关系的混乱,而导致家族解体;同时也是解决族内纠纷、惩治不肖子孙的依据。公田又分为祭田、义田、学田。祭田收入用于祭祀先祖,义田收入用于救济贫病,学田收入用于族内教育。祠堂、家谱是从精神上维系族众,公田是从物质上达到"收族"目的。斯塔夫里阿诺斯在比较中说:"祖先崇拜从远古时代起就一直是中国宗教独有的重要特征。对一个人的姓十分重视与这一点有密切关系。中国人的姓总是位于个人的名字之前,而不像西方

那样，位于个人的名字之后。这一习俗反映了在中国社会中起主要传统作用的是家庭，而不是个人、国家或教会。"①

家国同构。它是指家庭、家族与国家在组织结构方面的共同性。它的本质就是父亲作为家长，成为家庭的主宰。扩而大之，家族则族长主宰，国家是国君主宰。"家天下"三字是家国同构的最通俗、最简洁的表达。在世界其他文明中，古印度有种姓制度，在种姓内部，它的意义类似于中国的家族制度，但它严格执行"不同种族不得通婚"的规定，因此它不具有结构全体社会的作用。在古代西方，贵族、平民、奴隶之间界限分明，中世纪僧侣、贵族、平民之间的界限也不能混淆，欧洲社会奉行的是地缘政治、等级政治，而不是血缘政治。

中国古代超稳定的社会结构，除了血缘纽带的维系，还有一种超稳定的维系工具，那就是语言文字。"构成中国内聚性的另一重要因素是，存在着一种可以追溯到数千年前、最古老的商朝的书面语。这种书面语具有特殊意义，因为各地区的中国人，尽管各自所操的方言彼此间犹如意大利语之于德语、瑞典语之于西班牙语，颇有不同，但都懂得这种书面语。其原因就在于，它由表示意义和物体的汉字组成……这种书面语是为中国提供统一性和历史连续性的重要力量。实际上，它对整个东亚也起了如此的作用，因为中国文字书写方式已全部或部分地为周围包括日本人、朝鲜人和部分东南

---

① 斯塔夫里阿诺斯：《全球通史：从史前史到21世纪》上册，北京大学出版社2006年第2版，第70页。

亚人在内的大部分民族所采用。"①

文字的发明，是人类进入文明时代的重要标志。中华文明的一个重要标志，则是汉字的创制。

汉字的产生经历了漫长的过程。在成熟的汉字——甲骨文产生之前，它经历了漫长的图画文阶段。

图画文是刻画在甲骨上的记事符号，是文字的雏形，或者称作原始文字。从现有资料看，中国最早的刻画符号出自贾湖遗址，距今8000多年。贾湖遗址位于河南省舞阳县舞渡镇贾湖村东侧，1962年发现。贾湖遗址出土的甲骨契刻符号，是目前发现的与汉字起源有关的最早的实物资料。考古学家认为，这些契刻符号的刻画、笔势、形态、组合等各方面都与商朝的甲骨文基本一致，因此这些符号应该是8000多年前贾湖人使用的文字。

晚贾湖遗址1000多年的半坡遗址，是1953年考古界的重要发现。半坡遗址位于陕西西安，距今6000年以上。考古学家从半坡遗址陶器上发现各种不同的刻画符号113个。以郭沫若为代表的学者认为，这些刻画记号是具有文字性质的符号。

晚半坡遗址1000多年的陵阳河遗址（位于今山东莒县）、丁公陶遗址（位于今山东邹平）、王城岗遗址（位于今河南登封），也是20世纪五六十年代考古界的重大发现。这些遗址都出土了契刻符号，考古学家认为它们都具有早期文字的性质。尤其是王城岗遗址的刻符，被认为是有确凿时代的最早的文字。经考定，王城岗遗址属于夏朝初期遗址，距今约4000年。其中一个陶器上的一个刻

---

① 斯塔夫里阿诺斯：《全球通史：从史前史到21世纪》下册，北京大学出版社2006年第2版，第360页。

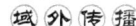

符，被认定为"共"（"拱"）字，是迄今发现的最早的一个汉字。

"图画文"算不算文字？文字学家也有不同的看法。有的文字学家是肯定的，所以在这些文字学家的眼里，汉字在距今8000年前就产生了。但有的文字学家对此持否定态度。他们认为，成熟的文字不应当用"图画"来表示意义，而应当用超越图画的自成体系的符号来表示意义。

如"人射鹿"这一信息在"图画文"阶段，就是用"人拿弓箭射鹿"这样的图解来传递：

而在成熟的文字产生后，"人射鹿"的意思由"人拿弓箭射鹿"的图解，变成了这样三个字：

尽管这三个字的字形还有很浓的图画意味，但它们已不再是用图画解释意思、传递信息，而是用文字组成句子传递信息。在这些文字学家看来，只有当人们用一个一个文字自由组合成不同的句子来表达意思时，成熟的文字才算真正产生。这样成熟的汉字，到距今3000多年的商代产生了，那就是甲骨文。

从贾湖遗址出土的甲骨契刻符号到商代的甲骨文，走过了约5000年的历程。如果再算上贾湖遗址甲骨契刻符号产生之前的我们并不知晓的历史，汉字的产生确实走过了漫漫长路。

由此我们可以看到，无论是图画文的产生，还是汉字的最终产生，都有一个非常缓慢而复杂的过程，都是集中了无数智者的智慧才逐渐完成的。从这一点上说，我们完全可以把传说中的创字者伏羲、苍颉看成是祖先无数智者的集合体。是这个集合体的探索与实践，创造出了汉字这一人类奇迹。

汉字之所以被认为是奇迹，是因为它是世界上唯一没有中断其历史的文字，是世界上唯一还在使用的象形文字。它不仅是维系中华民族几千年生生不息的统一的重要力量，而且将是助推中华民族走向光辉灿烂未来的重要力量。

汉字为什么有如此巨大的力量？文字学家从汉字的造字方式、书写方式及其体现的民族思维方式、审美意识等方面作了深入的探究。这里从思维方式、社会意义、审美意识以及表现方式四个方面略作介绍。

汉字体现人类系统思维的思维方式美。系统思维也叫整体观、全局观，就是把认识对象作为系统进行综合考察，从中寻找到规律从而整体地、综合地、立体地把握认识对象的一种思维方法。系统思维能极大地简化人们对事物的认知，给人们带来对事物的整体观、全局观。《易》的思维方法可以说是最古老的系统思维方法，它用八卦（天、地、水、火、雷、风、山、泽）将世界系统化。中医阴阳理论其实也是系统思维。系统思维在现代社会的应用比比皆是，现在所谓的"云"思维也是系统思维。汉字背后的系统思维，主要体现在它的取类思维。许慎的《说文解字》将9353个字分别归入540部，14大类。许慎的一个重大贡献就是发现并阐释了汉字背后隐藏的系统思维秘密。如将与"人"有关的看得见摸得着的人事置于"人"类，将与"心"有关的人的情事纳入"情"类，将与"水"有关的事物置于"水"类，将与木有关的事物置于"木"类……在这样的不断取类中，汉字就将世界有系统、有类别地整体象形化了。这也是我们的字典在编排时要按部首编排的内在原因，因为部首是类首。

汉字体现人类集体思维的社会意义之美。集体思维又称群体思维，它体现一个团体、一个群族、一个社会体的共性思维特征。这些共性思维特征背后往往隐藏着一个社会共同体的追求，具有社会意义之美。汉字"意美"的很大一部分是它承载了中国人作为社会共同体的社会追求之美。比如"苍颉"二字，"苍"在古代神话中指"苍帝"，苍帝也叫"灵府"；"颉"在古代神话中指"青狗"。人们赋予汉字的创造者一个具有神异特征的名字"苍颉"，背后就隐含着对这个创造者的崇敬。再如"修身"的"修"字，篆文为"修"，是"攸"与"彡"的会意。"攸"即"攸"，意思是一只手拿着一根木条轻轻敲打以水淋背的人；"彡"，是装饰的意思，两者会意而成洗涤人体污垢，为其装饰，使其美好。所以"修"字体现了人们对完善、完美的共同追求，这从与"修"有关的一系列词语中也可以看到：修身、修善、修敬、修养、修学、修业、修行；修饰、修治、修缮、修剪；修书、修史；修建、修筑……如果我们仔细探求，就会发现，绝大多数汉字都隐藏着民族的共同认知，这正是它的社会意义之美。

汉字体现人类审美思维的审美意识之美。审美意识包括感知、感受、趣味、理想、标准等各个方面，从汉字中可以发现我们民族在这些方面的种种美意识。如"美"字，甲骨文是"美"，由"羊"（羊）"大"（大）会意而成。"羊""大"为"美"就体现了民族审美意识的三个重要原点：一是味觉。许慎在《说文解字》中说"美，甘也"，即"硕大之羊，肉味甘甜"是美的。也就是说,"美"字最初表达的是人们对"甘"的这一味觉经验的审美感受。二是视觉。形象丰硕、羊毛浓厚、膘肥体壮,给人一种旺盛的生命力感受。同时,像杨辛等编写的《美学基本原理纲要》所说:"羊身上有些形式特征,如角的对称、毛的卷曲都富有装饰趣味。甲骨文的'羊',形象地表现了羊的外部特征,特别是头部特征,从羊角上表现了一种对称的美,不少甲骨文中的'羊'字就是一些图案化的美丽的羊头。"三是心觉。"美"字也可以看作一个人修饰打扮成羊首的形状,用来表示美丽、美好的意思。为什么装饰成羊首的形状就美丽?因为羊肉好吃、肥美之羊好看,"羊"慢慢就成了美的化身。从味觉到视觉到心觉,正是人类美意识起源与发展的基本理路。汉字"美"的构造正是这一思路的最典型的实例。再如"善"字,金文是" ",由" "(羊)" "(两个"言")会意而成,后来简化掉一个"言"字。"善"的本义是"膳",即羊肉味美,引申为美食。随着人类美的意识从单纯的官能性感受到超越生理的官能性局限,向着具有广泛社会意义和伦理意义的方面扩展,"善"就几乎成了美的代名词。这时,"善"字表示美食的最初意义已由"膳"字承当,"善"字则承当了表示一切能给人的精神和物质生活方面带来美感的对象,诸如山川溪谷、草木禽兽、高官厚禄、仁义礼智、文人贤士、英雄豪侠……这些于人的精神和物质生活有用的对象,几乎都可以说是善的、美的。时至今日,人们的美意识中一般都还是以善为美的成分居多。这里我们举"美""善"两例,即可看到汉字背后确实蕴藏着我们民族丰厚的审美意识。

　　汉字作为具有诗性的象征的表现方式。美国语言学家范诺洛萨在他撰写的《汉字作为诗歌的媒体》中指出:"汉字及句子主要是大自然中行动和程序的活跃的速写。它们蕴涵着真正的诗……最好的诗不但表现了自然的形象，并且还渗透出崇高的思想、精神的暗涵和隐在的多种关系。大多数的自然真理是暗藏在视觉不可见的微观程序中……汉文以力度和美涵盖了这一切。"范诺洛萨确实是触摸到了汉字的一个重要特征——诗性特征。

中国哲学的基调之一是"天人合一"，把自然万物及人类的灵魂统统视为宇宙巨流中息息相关乃至相互交融的实物。这样，作为记录语言的汉字，就处处构成天人之间的暗喻关系。暗喻作为一种手段，或是借一事物把本来可以说明白的说得含蓄些，或是借一事物把本来说不明白的说得明白点。汉字的象征特性，使它具有浓厚的暗喻色彩，这也就使得它获得了诗的禀性。范诺洛萨说："诗的思维通过暗示来工作，将最大量的意义压进一个句子，使它孕育，充电，自内发光。在汉语里，每个字都聚存着这种能量。"

中国哲学，无论先秦诸子百家的哪一家，都对模糊真理有较强的包容倾向，表现在语言上就是简约而富有弹性，信息丰富多元，解读空间呈开放状。这就决定了汉字表意的诗性特征：话中话，潜台词，言外不尽之意。金克木先生曾说："中国人历来大多讲求不明白，或说含糊，说话常闹边界纠纷，往往把明白讲成不明白……所谓'妙不可言'。"

香港著名语言文字学家安子介先生从汉字的结构中描绘出"一幅初民的生涯图"，因为"每个汉字都是一篇文，一首诗，一幅画"。当这样的汉字作为语汇进入语言之后，它们就不仅是固定的象征性符号了，更会随语言的流动酿造出无穷的意蕴，散发出更多的象外之旨、弦外之音。

生生不息的中华文明，几千年来，在东亚大陆这样一个辽阔而

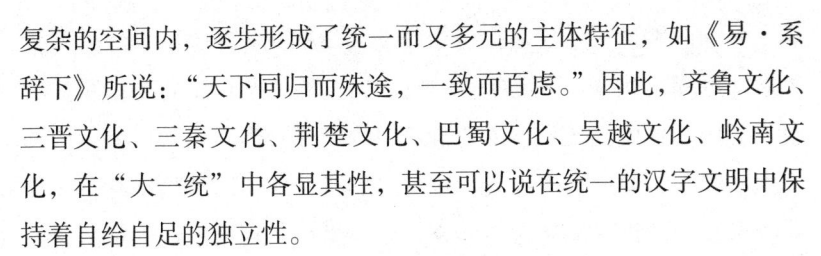

复杂的空间内,逐步形成了统一而又多元的主体特征,如《易·系辞下》所说:"天下同归而殊途,一致而百虑。"因此,齐鲁文化、三晋文化、三秦文化、荆楚文化、巴蜀文化、吴越文化、岭南文化,在"大一统"中各显其性,甚至可以说在统一的汉字文明中保持着自给自足的独立性。

总的来说,中华文化因其地理背景、经济土壤、社会结构、语言文字等方面的独特优势,使得其能够在发生期与其他文化相隔离的情况下独自完成,因而中华文化具有鲜明的独特性和自主性。也因此,中华文化从物态文化(如各种生活用品)、制度文化(如教育、科举等),到行为文化(如礼让等),再到心态文化(如史学、文学、哲学、艺术等),都具有自己的独特性。

这种独特性使得中华文化能够比较完整地保持传统,产生生生不息的内在动力,但同时也代代相承地产生了"自我中心主义"的顽疾。自"夷狄入中国,则中国之"之说始,"以我化他"一直是我们民族文化自信的表现,同时也逐步蜕变为"以我为王"的民族自大心理。这一自大心理,到清乾隆时期,变成了地地道道的妄自尊大。

人类历史推进到 15 世纪,之前世界上各自相对独立的文明动荡加速。一个标志性的事件就是,哥伦布 1492 年发现了美洲大陆。自此之后,世界在欧洲人不断扩张的步伐中开始了"全球化"历史。正像 18 世纪英国经济学家和哲学家亚当·斯密所指出的:"美洲的发现及绕好望角到东印度通路的发现,是人类历史上最大而又最重要的两件事。"①武斌在《中华文明传播史》中说："这两件大事对于世界文化发展的最重要的意义在于打破了各个文化圈的界限，打破了各民族文化体系独自发展的状况，把它们纳入统一的文化大系统中，促进了世界文化体系的形成。任何民族的文化都不能游离于统一的世界文化体系，或如马克思、恩格斯所说的那样，文化成为世界的文化。中华文化也不再是独立发展着的，而是被纳入统一的世界文化体系中，作为世界文化体系中的一部分，与世界文化的发展一道发展。"

但3个世纪之后，处于"天朝""中心"的中国皇帝乾隆依然没有丝毫的感知。他在1793年答复英王乔治三世要求平等的外交与贸易关系的信中称："天朝抚四海，惟励精图治，办理政务，奇珍异宝并不贵重……其实天朝……种种贵重之物……无所不有。尔之正使等所亲见。然从不贵奇巧，并无更需尔国制办物件。"乾隆的儿子嘉庆皇帝也有过类似的话："天朝富有四海，岂需尔小国些微货物哉？"

乾隆父子的心态，正是当时中国人的普遍心态。这样的妄自尊大，使得中华民族付出了沉重的代价。众所周知，半个世纪后，在帝国主义的枪炮声中，中华文明开始了近代的屈辱历程。历经一个多世纪的艰难复兴之路，今天的中华文明又一次焕发出了她的灿烂光华。

中华文化是中华民族贡献于人类的伟大文化。但这种伟大的文化并没有真正为世界所认知，甚至也不为我们自己所认知。郭沫若

---

① 亚当·斯密：《国民财富的性质和原因的研究》下卷，商务印书馆1974年版，第194页。

在他的《中国古代社会研究》中说:"世界文化史的关于中国方面的记载,正还是一张白纸。恩格斯的《家族、私有制和国家的起源》上没有说到中国社会的范围。""在这时中国人是应该自己起来,写满这半部世界文化史上的白页。"当然,随着中国近30多年的改革开放,随着中国的崛起,中华文明正在被世界重新认识,也正在被我们自己重新认识。

二、中华文明对世界文明的贡献

"中国应当对于人类有较大的贡献。"这是中华人民共和国开国领袖毛泽东主席在开国之初的庄严宣告。是的,作为世界东方的大国,在近代历史进程中,我们对世界的贡献确实不能算多,因此我们有责任为世界的发展做出更大的贡献。本书是回望中华民族的文明传播史,所以也就有必要梳理中华民族在古代社会对世界的贡献。

中华文明自古到今都是世界文明的重要组成部分。在诸多历史上存在的文明体中,只有中华文明的历史没有中断过,自几千年前诞生一直延续到今天,并且其诞生、发展始终保持着鲜明的独立性,成为世界文明中独一无二的文明。

中华文明——这一世界文明史上最典型的文明,从物态文化、制度文化,到行为文化,再到心态文化,都对世界文明有过杰出贡献。

中华民族自古以农业立国,我们生息繁衍的这块土地是世界上最大的农作物起源的中心。我们的先民最早从野生植物中驯化出了水稻、粟、麦、黍、稷、高粱、大豆、油菜、茶、麻、大白菜等。我们的水稻栽培有近 10000 年的历史，约在 3000 年前的周代便传到国外。高粱栽培历史在 6000 年以上。大豆，古称"菽"，在 4000 年前的夏代就是人们的重要食品。我国也是世界上最早发现和利用茶叶的国家，人工栽培茶树就有 2000 多年的历史。白菜，古称"菘"，也是我国最早栽培的。

在明代以前，世界上主要的发明创造和重大的科技成就有 300 多项，其中中国的发明创造占了相当的比例。"中国人的发明就多了，这些发明在公元 1 世纪到 18 世纪期间先后传到了欧洲和其他地区，这里包括：（a）龙骨车；（b）石碾和水力在石碾上的应用；（c）水排；（d）风扇车和簸扬机；（e）活塞风箱；（f）水平织机（它可能也是印度的发明）和提花织机；（g）缫丝、纺丝和并丝机；（h）独轮车；（i）加帆手推车；（j）磨车；（k）挽畜用的两种有效马具——胸带式系驾法马具和颈带式系驾法马具；（l）弓弩；（m）风筝；（n）竹蜻蜓和走马灯；（o）深钻技术；（p）铸铁术；（q）常平悬架；（r）弓形拱桥；（s）铁索吊桥；（t）河渠闸门；（u）造船和航运方面的许多发明，包括防水隔舱、高效率空气动力帆和纵帆装置；（v）船尾舵；（w）火药以及和它有关的一些技术；（x）磁罗盘，最初用于堪舆术，后来又用于航海；（y）纸、印刷术和活字印刷术；（z）瓷器。我写到这里用了句点，因为 26 个字母都已用完了，但还有许多例子甚至还有重要的例子可以列举。""我们决不能认为对以上任何一种发明已经没有话可讲了，也不能认为在所有例子中，都有足够的证据可以充分证明，后来欧洲人的应用都是从较早的中国人的实践中得来的。但是所有这些例子有一个共同的特点，这就是它们在中国应用的时期，确实早于它们在世界任何其他部分出现的时期,有时甚至要早得多。"①

中国古代社会制度许多为日本、朝鲜、越南借鉴,也给西方启蒙主义思想家如伏尔泰、莱布尼茨以深刻的影响。伏尔泰曾经说:"当高卢、日耳曼、英吉利以及整个北欧沉沦于最野蛮的偶像崇拜之中时,庞大的中华帝国的政府各部正培养良俗美德,制定法律,由于它是世界上最古老的民族,它在伦理道德和治国理政方面,堪称首屈一指。"②

行为文化主要体现在礼仪文化上。中国古代社会是礼法社会,"礼"是中华文化的重要组成部分。同样,中华文化中的"礼"有许多也直接为日本、朝鲜、越南所借鉴,也对西方启蒙主义思想产生了深远的影响。莱布尼茨说:"从前我们谁也不相信,世界上还有比我们伦理更完善、立身处世之道更进步的民族,现在东方的中国竟使我们觉醒了。"③

中国的哲学、史学、文学、美学、艺术等,全面影响着日本、朝鲜、越南,也不同程度地逐步为西方世界所了解并对其有一定程度的影响。17世纪,"欧洲知识分子正被有关传说中的遥远的中国文明的许多详细的报道所强烈吸引着。他们得知中国的历史、艺术、哲学和政治后,完全入迷了。中国由于其儒家的伦理体系、为政府部门选拔人才的科举制度、对学问而不是对军事才能的尊重以

---

① 李约瑟:《中国科学技术史》第1卷,科学出版社、上海古籍出版社1990年版,第252页。
② 伏尔泰:《路易十四时代》,商务印书馆1982年版,第594页。
③ 张汝伦:《莱布尼茨和中国》,《中国文化》(第8期),1993年第1期。

及精美的手工艺品瓷器、丝绸和漆器等,开始被推崇为模范的文明"①。19世纪之后,中华文明的重要组成部分——道家思想逐步走向西方,包括荣格、海德格尔、雅斯贝斯、韦伯、维特根斯坦、德里达等在内的哲学家,黑塞、庞德、博尔赫斯等在内的文学家都在一定程度上从道家思想中得到启示。

英国学者R.G.坦普尔也曾指出:"人所未知的最大历史秘密之一是:我们生活的'现代世界'是中国和西方种种成分的独特综合而成的。'现代世界'赖以建立的基本创造发明和发现可能有多一半来自中国。""认识到东方和西方无论在精神上或在事实上的差异并非像我们想象的那样大,认识到东方和西方已经以如此有力、如此深刻的结合渗透到一切方面,这是很令人兴奋鼓舞的。我们的日常生活就是在这一结合中度过的,没有办法逃避这种结合。现代世界就是东方和西方那些不可避免地融合在一起的因素或成分的一种结合。""我们应牢记这一使人惊讶而令人不安的事实:为工业革命打下基础的欧洲农业革命,只是输入中国的思想和发明以后才开始的。作物行播,精心锄草,'现代'播种机,铁犁,翻土犁壁以及高效的马具都是从中国传入的。确实,直到两个世纪以前,与中国比较,西方在农业上是如此落后,可以说与中国的发展世界相比,西方乃是未发展世界。"②

---

① 斯塔夫里阿诺斯:《全球通史:从史前史到21世纪》下册,北京大学出版社2006年第2版,第468—469页。
② R.G.坦普尔:《中国的创造力量》,《哲学译丛》1992年第3期,第71—73页。

三、我们走向世界的步伐

中华文化走向世界的步伐大体上分为两大步。

第一大步：向"中国文化圈"内的朝鲜、越南、日本传播。一般认为，"中国文化圈"的成员为中国、朝鲜、越南、日本。中华文化很早就开始向圈内成员传播。早期传说如神农、尧、舜南抚交趾，箕子东走朝鲜，徐福东渡日本等，暗示了这一点。但大规模地向朝鲜、日本、越南传播是从西汉开始的。此后，中华文化对朝鲜、日本、越南的影响逐步加深，一直延续到近代。

第二大步：向西方传播。13世纪始，中华文化迈开了向西传播的步伐。从元代开始，中国在西方著作中有了亲历者的记述。自此，中华文化在西方不再仅仅是想象中的存在，而是逐步成为真实的存在。历经五个世纪的风风雨雨，至18世纪，西方形成了"中国文化热"：中国园林艺术被广泛运用，洛可可风尚融入"中国风尚"；中国水墨画得到一些画家的青睐；利玛窦等传教士不遗余力地向西方介绍中华文化，狄德罗、伏尔泰、莱布尼茨等启蒙主义思想家也大力推介中华文化。"中国文化热"之后，中华文化向西方的传播更加全面，儒家文化之外，道家文化也逐步走向西方。20世纪以后，世界再一次"发现"了中华文化，中国古代的文化重新引起西方思想界的关注。

从传播的途径看，中华文化走向世界有下面一些方式。

人员往来。一是使节往来。如法显、义净、玄奘等远赴印度，在学习佛教文化的同时也将中华文化介绍过去；东渡日本的鉴真及其弟子，则是一个庞大的文化使团，对日本产生了极为广泛、深远的影响，因而被誉为"日本文化的恩人"。中国与各国频繁的使节往来是中华文化向海外传播的重要途径。二是留学生。如唐代接纳大批新罗、日本、西域各国的留学生，教授他们中国文化典籍。这些留学生成为传播中华文化的重要力量。三是旅行家。如马可·波罗等，他们的游记等是传播中华文化的重要文献。四是传教士。如利玛窦等，他们研究中国的著作是向西方传播中华文化的重要著作。五是移民。中国历代都有人员移民海外，特别是在宋元之际和明末清初，出现了两次向海外移民的高潮。近代以来，更有大批华工出国，形成了又一次移民浪潮。移民与当地居民杂居相处，把中华文化的种子播撒到世界各地。

贸易。贸易是文化交流的重要途径之一，如著名的"丝绸之路"。中国古代官方贸易即"朝贡贸易"，是中国朝廷以对各国使节的"贡品"的"回赐"形式进行贸易，有的外国使节的主要使命就是来进行贸易。民间贸易则更加发达。通过贸易，中国丝绸、瓷器、漆器、铁器等生产工具，茶叶、中药材、工艺美术品等，源源不断地输往国外。中国的书籍、纸张、笔墨、书画艺术品，则是许多商人特别是从事东亚地区贸易的商人们贩运的大宗货物，如清代时中国商人到日本通商，书籍、纸、笔往往是重要商品。

战争。中华文化中虽然没有扩张的基因，但边疆的战事争端却不可避免。而从文化交流的角度看，战争以及随之而来的俘虏和战利品，也是文化传播的途径之一。汉武帝在朝鲜半岛设置汉四郡，是中华文化在朝鲜的一次广泛的传播。唐代发生在中亚的怛罗斯战役，唐军大败，被阿拉伯军队掳往中亚和西亚地区的大批唐军士兵，也把中华文化带到了中亚、西亚。中国的造纸技术就是在这时由被俘唐军中的工匠传至中亚和西亚，再由中亚、西亚逐渐传到欧洲的。13世纪时,蒙古军队西征,建立起庞大的蒙古帝国,同时也为中国与西方的文化交流开辟了广泛的途径。雷子内·格鲁塞在《蒙古帝国史》中说:"从蒙古人的传播文化这点说,差不多和罗马人传播文化一样有益。对于世界的贡献,只有好望角的发现和美洲的发现,才能在这一点上与之比拟。"

人员的往来、贸易关系的建立以及战争等,使得中华文化不断向世界各地传播,对世界文明史的发展产生了重要的影响。

东方编

一 中国文化与中国文化圈

"中国文化圈"的提出

德国的格雷布内尔(1877—1934)和奥地利的施密特(1868—1954)创立了很有影响的文化传播学派,提出了"文化圈"理论。他们认为整个人类的文化是由少数几个中心地区产生,然后向外扩散,形成不同的文化圈而构成。尽管这种理论一直存在争论,但"文化圈"这一概念还是不断地被人们使用。

最早提出"汉文化圈"的是日本学者藤堂明保(1915—1985),他于1971年发表了《汉字及其文化圈》,提出"汉字文化圈"理论,并研究其形成过程。20世纪80年代法国学者汪德迈出版了《新汉文化圈》,他划定的"汉文化圈"包括中国及朝鲜、日本、越南、新加坡等地。

较早提出"中国文化圈"概念的是著名史学家朱云影。朱先生是江西浮梁人,早年留学日本京都帝国大学,曾任台湾师范大学历史学系首任主任。朱先生认为,尽管东南亚许多国家,如缅甸、泰国、柬埔寨、菲律宾、马来西亚、印度尼西亚等国,都曾受到过中国文化的影响,但与朝、日、越受中国文化影响的深度与广度有很大不同。所以,朱先生认为,缅、泰等国不应列入"中国文化圈",真正的"中国文化圈"应当是"中朝日越"。其《中国文化对日韩越的影响》即是在此理论支撑下研究"中国文化圈"的力作。

中国文化对朝、日、越的影响

据朱云影先生的研究，中国文化对朝、日、越的影响主要表现在学术、思想、政治、产业、风俗、宗教等六个大的方面。这里摘要叙述如下。

1. 中国学术对朝、日、越的影响

中国学术对朝、日、越的影响是全方位的，在史学、经学、文学、科学等方面都有所反映。

史学。中国的史官制度给朝、日、越树立了先例，使它们都留下了丰富的历史记录；中国富有变化的史体，启发了朝、日、越史学的发展途径，纪传、编年、纪事本末以及政书、实录等史体都很完备；"春秋"褒贬劝诫、以垂训借鉴为历史第一义的书写原则，引导朝、日、越的历史学家对历史之"善"的追求超越了对历史之"真"的追求；"春秋""别内外"的精神，唤醒了朝、日、越各国的民族意识，激发、促进了朝、日、越各国迎头赶上的内驱力。

经学。经学是中华文明极其重要的组成部分，与中国古代社会制度的形成、巩固、发展和延续有极其紧密的关系，对中国古代哲学、史学、文学、艺术的影响也极大。小到个人修养、家族共处的方法，大到国家天下长治久安的道理，以及各种社会规范，经学无所不包。当朝、日、越各国还处在原始的无组织状态时，中国经学恰好给他们提供了一套社会秩序，所以很容易在那里生根、发展，从而逐渐奠定了各国传统文化的基础。

文学。由于朝、日、越各国自制文字较晚，汉字成了朝、日、越古代自觉选取的通用文字，所以汉文一直是朝、日、越各国古代文人抒情写意的工具。可以说，朝、日、越各国的古代文学，从形式到内容，都是对中国古代文学的模仿；诗文派别的消长也和中国诗文派别的消长关系紧密。由于汉文学在很长时期内都是朝、日、越各国的主流文学，所以虽然后来各国都产生了自制文字的文学，但对汉文学的写作依然有很大的兴趣。

科学。天文学是中国古代科学的重要组成部分。中国古代天文学家辈出，京房、虞喜、张衡、李淳风、郭守敬等，对中国古代天文学的发展做出了巨大的贡献。中国自古就有丰富的天象记录和完备的历法，世界上任何国家都不可企及。朝、日、越各国古代的天文知识，绝大部分都是从中国传播而来，他们一向采用中国历，如《宣明历》，日本用了八百余年，朝鲜用了五百年。中国古代的算经如《周髀》《九章》和算盘，先后传入了朝、日、越各国。在西医传入之前，朝、日、越各国基本上用中医治病。

2. 中国思想对朝、日、越的影响

中国古代各种思想极其丰富，对朝、日、越各国产生了深远的影响，尤其是一些政治思想，对各国影响尤巨。

敬天、修德、尊贤、正名等是中国古代最基本的政治思想。朝、日、越各国史书中有非常多的灾祥的记载。这是因为中国古代政治思想中有"天人感应"的观念，天心反映民心，灾祥是上天对统治者的示意，因此朝、日、越各国统治者常因灾荒而下"罪己诏"，刷新政治，或大赦改元，或开仓救济，或免除地方租税。如正名的思想，《尚书》中所说"任贤勿贰，去邪勿疑"，《论语》中所说"名不正则言不顺，言不顺则事不成"，常为朝、日、越各国史官文书引用，鼓励统治者用贤才、去奸邪，警告野心分子尊重大义名分，对朝、日、越各国吏治的澄清与政局的稳定产生了极大的作用。

法先王思想。"言必称先王"是中国古代先哲阐述政治思想的"惯例"。他们首先把"先王"塑造成完美的形象，作为后人施政、执法、用兵、设教等取法的楷模，然后常常假托先王来增加自己学说的分量，推行自己的政治主张，儒、法、道、墨诸家无不如此。受此影响，朝、日、越各国执政者都将中国文献中的先王视为取法的最高模范。

正统论。"天无二日，民无二王""辨华夷，别内外""尊王攘夷"是正统论思想的基本内涵。欧阳修在《正统论》中说："夫居天下之正，合天下于一，斯正统矣。"这个"一"就是"中华"。朝、日、越各国深受这种正统论思想的影响，如朝鲜视己如周之诸侯，日本大化改新、明治维新，越南脱离中国而独立，都与正统论思想紧密相连。

华夷观念。作为一个文化概念，华、夷之别就是文明与野蛮之别。《论语·八佾》中说："夷狄之有君，不如诸夏之亡也。"用现代汉语说就是：东夷北狄即使有君主，也不如中原诸侯没有君主。言下之意是，东边北边的少数民族地区生活野蛮，未开化，远比不上中原各诸侯国的文明程度。《公羊传·成公十五年》说："《春秋》内其国而外诸夏，内诸夏而外夷狄。"用现代汉语说就是：《春秋》以鲁国为内，以其他诸侯国为外；以诸侯国为内，以东夷北狄为外。这些都可证明古代先哲心中的华夷观念：文化意义高于种族意义，"华夷之别"即是"文野之别"。所以孟子主张"用夏变夷"，即通过提高文化，使"夷"变为"夏"。这种华夷观念一直引起朝、日、越各国的强烈反应。日本在8世纪初设立太学后不久，就以"中国"自尊，有时还不以自称"中国"为满足，而将唐朝与高丽等并称为"诸藩"。这种贵内贱外的思想，在后来愈演愈烈，直至美国打开日本门户，明治天皇仍不忘颁诏叮咛史官"明华夷内外之辨"。朝鲜则自古以中国文化继承者自居。新罗为了迎头赶上中国，首先将衣服改从华制。高丽为契丹、女真、蒙古征服时，始终将这些征服者看作夷狄，心存藐视，而对于宋朝却是心悦诚服。李朝时期，朝鲜更是自称"小中华"，自视如周之诸侯，奉明为周之天子，而将女真看作"野人"。后来满族兴起，朝鲜将其看作"胡虏"。而在清朝取得中华文化的统治地位后，朝鲜终于像亲明一样亲清。越南约在13世纪的陈朝始，以"中国"自尊。当时蒙古入侵，陈王在对诸将训示中说："汝等为中国之将，侍立夷酋，而无忿心。"当明朝在越南重置郡县时，黎利奋起反抗，发布檄文，骂明为"贼"，自称为"中国"。后明军退出越南，黎朝成立，在呈送明朝的国书中又称明为"中国"，称明为"华"。但对其他邻邦，越南却又自称为"中国"，自称为"华"，称邻邦为"夷"。由此可见，朝鲜、日本、越南对"华夷观念"有深刻的认同。

3. 中国政治对朝、日、越的影响

中国政治对朝、日、越的影响与学术、思想对朝、日、越的影响几乎是同步的，主要表现在开国传说、政治制度、政权转移等方面。

开国传说。中华文明是世界四大古文明之一。当中华文明已是粲然大备之时，许多民族都还处在未开化状态，朝、日、越也是如此。所以，朝、日、越各国在编写自己的开国传说时，都不约而同地采用中国的传说或史实。日本神武开国传说中的诸神，与中华先秦的社稷五祀和齐国祀典中的八神几乎相同；韩国的檀君传说，是在中华历史文化的背景中穿插韩国氏族社会酋长的传说完成的；越南的鸿庞氏传说，叙述的基本上是中华百越的一支南下建国的史实，更说明越人是炎黄子孙。

政治制度。中华文明是世界文明史上唯一一个自古代不间断地延续到现代的文明，中国古代社会的政治制度相当完备，周朝的礼制，秦朝的郡县制，汉朝在秦制的基础上创制的律令、年号、太学、博士、五铢钱，隋唐在汉制的基础上创制的三省、六部、九寺、五监、御史台以及六典、班田制、租庸调法、科举制度，为朝鲜和日本所移植，也为后来脱离中国长期的郡县统治的越南所接受。因此，朝、日、越各国的官制、兵制、法制、田制、学制、币制等基本的政治制度，差不多都是从中华文明中移植，几乎没有什么大的改变。

政权转移。中华文明自产生到晚清，始终是东亚文明的引领者，因此，中国政局的演变，常使朝、日、越各国的政局也发生连锁反应：朝鲜因唐朝平定百济和高句丽，有了新罗统一王朝的出现；日本受隋唐文化的刺激，有了具有里程碑意义的大化改新；越南趁五代十国的混乱，有了自主政权的产生。每遇中华盛世，朝、日、越各国则同享其利，如唐代，日本有奈良王朝的兴隆，朝鲜有新罗的全盛，越南也繁荣一时；每遇中国衰世，朝、日、越也难免遭受灾祸，如清朝鸦片战争失败后不久，朝鲜开始受到列强侵略，日本被迫与列强签订不平等条约，越南更因失去中国这块大的屏障而沦为殖民地。

4. 中国产业对朝、日、越的影响

可以说，在很大程度上中国文化圈是人类农业文明圈。因此，中华文明的产业文明对朝、日、越的影响，首先自然表现在农业的影响方面。中国发明的水稻栽培，发明的各种农具、各种耕作技术，如灌溉法、牛耕法等，传播到朝、日、越各国后，迅速提升了各国的农业水平，改善了各国人民的生活；同时，中国的重农政策，如耕籍田、祀社稷、劝农令以及农官的设置、农书的刊行等，也为朝、日、越各国所仿效，对提升各国的农业整体文明，起到了重要作用。

与农业的高水平相匹配，中华文明中的工业在明代以前也一直处在世界的高水平行列中。铜器、陶瓷器、漆器、丝织品、纸、笔的制作，是中国古代工业的代表。而这些代表都是以最快的速度传播到圈内的朝、日、越各国，对提升各国的整体物质文明发挥了极大的作用。

尽管中国古代以农为本，重农抑商，但商业在文化圈内依然处在领先水平。特别是隋唐以降，中国历代都有不少商人活跃于朝、日、越各国。他们输出书籍文物，传播新知识新技术，对各国的发展具有重要的促进意义。

5. 中国风俗对朝、日、越的影响

风俗指历代相沿积久而成的风尚、习俗。中华文明的各种风俗对圈内的朝、日、越各国也有极大的影响。

首先是衣冠。中国古称"华夏"，意思就是"衣冠大国"。《易经》说："黄帝尧舜垂衣裳而天下治。"就是说一面利用衣冠的文采，表彰功德，一面利用衣冠为刑罚，惩治凶顽。所以衣冠之制，别贵贱，寓赏罚，是国家体制的一种。当中国早已是衣冠之邦时，朝、日、越各国还是裸袒文身。中国衣冠文明的传入，一方面使朝、日、越各国从裸袒文身转而衣冠楚楚，另一方面也刺激了各国修礼订制，逐渐完善自己的国家制度。

其次是习俗。中国社会长期以来形成的各种习俗，如姓氏、节令、音乐、游戏、迷信与婚丧礼等，都在与文化圈内各国的长期接触中，很自然地输出到各国。因此直到今天，朝、日、越各国的姓氏，节日如春节、元宵、端午、七夕、中秋、重阳等，以及各种游戏如围棋、秋千等，都与中国相同或相似。

6. 中国宗教对朝、日、越的影响

宗教是文化的重要组成部分。中国古代儒、道、释三教对朝、日、越各国均有极深的影响。

儒教。随着儒学在朝、日、越各国的传播，孔子成了文化圈内各国共同祭拜的"神"。日本祭孔活动一直延续到二战时期。

道教。中国道教思想原型的方士神仙思想，早在唐朝以前即分别传入朝、日、越各国。7世纪时，高句丽深感"儒释并兴，而道教未盛"，正式遣使至唐求道教，唐太宗特派道士叔达等携老子《道德经》赴朝传道，从此以后道教日盛，至新罗末叶已是儒、道、释三教并立了。日本神道的形成，吸收了道教许多要素。越南在汉末就已有道家术士的足迹；第二次世界大战前后盛行一时的高台教，奉老子、李太白为祖神，可见道教信仰浸润越南社会之深。

佛教。印度佛教经过约400年的中国化，形成了中国化的佛教——禅。禅对朝、日、越各国有极深的影响。朝、日、越各国佛教所依据的经论章疏，都来自中国，这些经论章疏，都是中国僧侣用中文翻译或撰述的，已加入中国僧侣的慧解和创意，所以朝、日、越各国的佛教思想，都和中国有密不可分的关系。朝、日、越各国僧侣除了偶然有往西求法的，多数都以中国为佛教圣地，所以历代到中国求法留学的络绎不绝，中国成了朝、日、越各国僧侣的养成所。

二 儒学与朝鲜古代的大学

箕子东走朝鲜

一般认为,中国文化最早进入朝鲜是在商代末年——箕子东走朝鲜。据《史记》载,纣王的叔父、商的大臣箕子在武王伐纣时远走东北朝鲜。"武王既克殷,访问箕子","封箕子于朝鲜而不臣也"。即是说,商代最后一个国王纣的叔父箕子在周武王伐纣后,带着商代的礼仪和制度到了朝鲜半岛北部开拓,建立朝鲜国,并得到周朝的承认,史称"箕子朝鲜"。《后汉书·东夷列传》记载:"武王封箕子于朝鲜,箕子教以礼义田蚕,又制八条之教。其人终不相盗,无门户之闭,妇人贞信。"朝鲜的早期历史文献,如《三国史记》《三国遗事》等,也都赞同这种说法,并肯定箕子王朝是朝鲜半岛历史上的第一个王朝。

西汉初年,中国燕王卢绾背叛汉朝,逃往匈奴,他的臣子卫满也一同出走,并带领1000余人进入朝鲜半岛。之后,卫满推翻箕子政权称帝,就是史上所说的卫氏朝鲜。

公元前108年汉武帝灭卫氏,置郡统治,创造了"乐浪文化"。乐浪是汉武帝于公元前108年在朝鲜半岛设置的汉四郡之一,治所在朝鲜县(今平壤大同江南岸),管辖朝鲜半岛北部。汉在朝鲜半岛北部地区置郡统治,推动了汉朝先进文化在朝鲜半岛地区的传播。

公元427年到660年,是朝鲜高句丽、新罗、百济三国鼎立时期。三国建国之初,急需一种文字供国家统治和交际使用,于是,汉字便成为朝鲜的公文记录文字(1444年,朝鲜创制了正音文字。

但至1894年甲午战争前，汉字一直是朝鲜的正统文字。1910年，日本占领朝鲜半岛后，汉字才被彻底废除）。通过文字，中国的儒家经典大量传入朝鲜，儒学思想自然开始全面影响朝鲜。特别是随着历朝太学的建立，儒学逐步成为朝鲜教育的基本内容。据韩国哲学会编《韩国哲学史》，中国文化至少在朝鲜的三国时代已经正式被接纳并保留下来。

高句丽小兽林王首开太学

太学是中国古代的一种大学，始设于汉代。汉初，董仲舒向武帝提出"兴太学，置明师，以养天下之士"的建议。武帝采纳董仲舒的建议，于元朔五年（前124）在长安建立太学。最初太学中只设五经博士，招博士50名。后来太学的科目及人数逐渐增多，开设了讲解《易经》《诗经》《尚书》《礼记》《公羊传》《谷梁传》《左传》《周官》《尔雅》等课程；汉元帝时博士弟子达千人，汉成帝时增至3000人。王莽秉政，为笼络广大的儒生，博士弟子数量增至10000余人。

太学是国家的最高学府，以儒家经典为基本学习内容。朝鲜历朝仿照中国太学开设太学，这从朝鲜的历史著作中，可以清晰地看到。

安鼎福《东史纲目》①载："小兽林王②二年夏六月，始立太

---

①《东史纲目》：朝鲜成书于1778年的一部编年体史书，记录了从箕子朝鲜至高丽恭让王的历史。全书用汉语写成。作者安鼎福（1712—1791），字百顺，朝鲜政治家、历史学家、思想家。

② 小兽林王（？—384），名高丘夫，高句丽第17任君主。372年，小兽林王建立"太学"以教育贵族子弟。373年，他公布"律令"确认高句丽的宪法。

学。丽人①喜学，至穷理厮家，亦相矜勉，衢侧悉构严屋，号扃堂②，子弟未婚者曹处，诵经习射。"

372年之后，三国相继设立太学，教授儒学经典并向中国派遣留学生。最先设立太学的是高句丽小兽林王，依次是百济和新罗。从上面所引安鼎福《东史纲目》文中可以看到，高句丽除了在首府设立太学，"衢侧"还全部设有扃堂，授经习射。据李丙焘著《韩国史大观》，百济设立太学稍晚于高句丽。374年，百济肖古王以中国东晋人高兴为博士。新罗位于朝鲜半岛东南隅，接受中国文化晚于高句丽和百济。据朝鲜《三国史记》，新罗真德女王五年（651），设太舍二人。太舍即国学官。这说明此时新罗已有学官讲授儒家经典。

新罗设太学监

668年，新罗灭百济、高句丽，朝鲜半岛进入统一的新罗时代。此后，新罗更加积极推进经学教育。文神王二年（682），立国学，设卿一人，下设博士、助教、太舍。景德王六年（747），新罗将国学改为太学监，设立诸经博士及助教，国王亲临听讲。元圣四年（788），设立读书出身科，以儒家七经为考试范围，经学从此受到新罗全社会的重视。

---

① 丽人：高丽人。
② 扃（jiōng）堂：学校名。

东方编

《三国史记》①卷十《新罗本纪》:"四年春②,始定读书三品以出身。读《春秋左氏传》,若《礼记》、若《文选》,而能通其义,并明《论语》《孝经》者为上,读《曲礼》《论语》《孝经》者为中,读《曲礼》《孝经》者为下。若博通五经三史、诸子百家者,超擢用之。前只以弓箭选人,至是改之。"

由此可知,朝鲜从788年开始了以文才选拔人才的科举考试,这是朝鲜科举制度的开端。

王氏高丽仿唐制设国子监

901年新罗王族弓裔建立泰封国,朝鲜半岛进入后三国时代。泰封国武将王建夺取泰封国政权,建立高丽王朝,于935年灭新罗,936年灭百济,重新统一朝鲜半岛。

《高丽史》③卷三《成宗世家》:"十一年④十二月丙寅,教曰:'王者化成天下,教学为先,祖述尧舜之风,聿修⑤周孔之道,设

---

①《三国史记》:朝鲜现存的最古史书,是一部记述朝鲜三国新罗、百济、高句丽的纪传体史书,由金富轼等人于1145年开始编修。全书用汉语写成,共50卷,主要参考过去的史稿加以重修,同时也参考中国的历史典籍包括《魏书》《三国志》《晋书》《旧唐书》《新唐书》和《资治通鉴》,补充事迹的略缺。

② 四年春:指新罗元圣王四年,即公元788年。

③《高丽史》:朝鲜一本记载朝鲜半岛上高丽王朝历史的纪传体史书,成书于1451年。高丽王朝传32代君主,历时475年,大体与中国辽宋金元时期相当。全书用汉语写成。作者郑麟趾,字伯睢,号学易斋,朝鲜著名理学家、史学家。

④ 十一年:高丽成宗十一年,公元993年。

⑤ 聿(yù)修:继承发扬。

邦国宪章之制，辨君臣上下之仪，非任贤儒，岂成轨范！揆天拓地，保大定功，固将崇奖而行，不可斯须而废！国朝创业已久，守文以兴，寡人谬以眇躬①，忝居大宝②，思阐九流之说，广开四术③之门，发彼童蒙，置诸学校……其令有司相得胜地，广营学宫，量给田庄。'"

王氏高丽虽崇奉佛教，但也同样重视儒学。高丽开国之初，太祖王建就特别重视经学教育，"太祖十三年（930）十二月，幸西京，创制学校"（《高丽史节要》卷一）。光宗时，采纳中国后周人双冀的建议，于958年实施科举取士，仿唐制分进士、明经二科。成宗即位（982），便下令选子弟到京城习业；六年，在全国十二牧各设经学博士；九年，在西京设修书院；十一年，仿唐制设国子监。上面所引《高丽史》卷三《成宗世家》的片段，正是成宗设国子监的诏示。"祖述尧舜之风，聿修周孔之道，设邦国宪章之制，辨君臣上下之仪"，成为国子监办学的纲要。

李氏朝鲜太学以"明义理"为重

1392年高丽将军李成桂政变，登基建立朝鲜王朝，结束了高丽王朝近500年的历史。李氏朝鲜排斥佛老，采用儒教思想治理国家，经学空前兴隆。太祖李成桂即位后，即创立太学。李定宗时（1398—1400），太学设部学堂，分别设置教授、助教。除官学外，

---

① 谬以眇躬：错居帝位。眇躬，古代帝王自称，谦词。
② 忝（tiǎn）居大宝：惭愧地拥有掌握天下的权力。忝，有辱，感到惭愧，谦词。大宝，大权。
③ 四术：指诗、书、礼、乐四种经术。一说指忠爱、无私、用贤、简能。一说指忠爱、无私、用贤、度量。

各地也有无数书堂。所有学校教育,都不离四书五经。当时的学风,已由先前重章句注疏而转为重义理。《增补东国文献备考》①曰:"诸生读书,先明义理,通达万变,不须徒习章句②,牵制文义,常读四书五经及诸史等书,不挟庄老佛经杂流百家子集等书,违者罚。"可以看出,"明义理"成了李氏朝鲜学校教育的头等大事。

朝鲜太学自高句丽小兽林王372年开设,虽然历代略有变化,但大体上一直延续至近代。朝鲜太学以儒家经典为教材,为朝鲜历代培养了各种人才,也加快了儒学本土化的进程,使儒学在朝鲜产生了全面而深远的影响,在政治、伦理、文化等方面尤甚。梁宗华说:"纵观儒学在朝鲜的发展历程,伴随着汉字、汉文化在朝鲜半岛的传播,儒学在朝鲜三国时期即得到国家承认,得以广泛流布。儒学在这片异国的土地上扎下根来,成为朝鲜社会重要的精神滋养;而在两千余年的传播发展过程中,经由历代朝鲜学者的不懈努力,儒学与朝鲜本土文化融为一体,以性理学的出现为标志,成功地完成了其本土化、民族化的过程,成为朝鲜传统文化不可或缺的精神支柱。"③

---

①《增补东国文献备考》:朝鲜政书,是《东国文献备考》的补续,记录朝鲜1776—1904年间事。全书用汉语写成,分16考,250卷,由朴容大等编修。

② 章句:剖章析句。古代经学家解说经义的一种方式。

③ 梁宗华:《朝鲜儒学的本土化与民族化历程》,《中国哲学史》,2005年第4期。

三 汉诗与朝鲜汉文学鼻祖

朝鲜汉文学的开山鼻祖

崔致远是朝鲜历史上第一位留下个人文集的大学者、诗人,被奉为朝鲜汉文学的开山鼻祖、"东国儒宗"、"东国文学之祖",对朝鲜后代的诗文有很大影响。

崔致远,字海夫,号孤云,朝鲜新罗宪安王元年(857)出生于一个中小地主家庭,从小受到良好的儒学与汉文学教育,树立了西浮沧海、入唐游学的远大志向。

新罗景文王八年(868年,晚唐懿宗咸通九年),12岁的崔致远到中国留学。之后,他在唐都长安度过了六年艰苦的求学生活。唐僖宗乾符元年(874),18岁的崔致远进士及第。随后,他在洛阳浪迹两年,遍游附近的名胜古迹。乾符三年(876)初,崔致远被授为江南道宣州溧水县尉,成为唐代的一名地方官。

崔致远在溧水县尉任满后,投奔淮南节度使高骈,先后担任馆驿巡官和都统巡官,多次参与淮南军府的机密要务和军事行动,成为高骈信任和器重的异国幕僚。僖宗光启元年(885,新罗宪康王十年)三月,28岁的崔致远归国。

崔致远在中国留学的十六年间,"译殊方之语言,学圣代之章句",广游名山大川,广交各地名士,与著名诗人罗隐、杜荀鹤等结下了深厚的友谊,还写过《讨黄巢檄文》,轰动唐代文坛。据朝鲜《三国史记》记载,崔致远返回朝鲜时,唐人顾云赠其《送崔致远西游将还》:"十二乘船渡海来,文章感动中华国。十八横行战词苑，一箭射破金门策。"

崔致远著有《桂苑笔耕集》20卷，其中有五言、七言近体诗百首，且题材广泛，涵盖了送别、纪游、咏史、怀古、干谒、酬赠、咏物等。这些诗歌情感丰富，意蕴深长，技法娴熟，基本具备了唐人诗歌的丰神情韵。

崔致远继承了汉诗的写实传统

从崔致远留下的诗作看，他主要是继承了汉诗的写实传统，这主要体现在他创作的讽喻诗和咏史诗上。

讽喻诗在中国古代诗歌中占有重要的地位，从《诗经》的《硕鼠》《伐檀》《南山》，到白居易的"新乐府"，一脉相承。讽喻诗的内容大体可分为两大类，一是以比兴之法揭露现实生活中的不合理现象，二是通过品评历史事件讽今。崔致远的诗主要是前者。如《蜀葵花》：

> 寂寞荒田侧，繁花压柔枝。
> 香轻梅雨歇，影带麦风欹。
> 车马谁见赏，蜂蝶徒相窥。
> 自惭生地贱，堪恨人弃遗。

这是把自己比作"蜀葵花"，自嘲"生地贱"，也含有对不得志的愤懑。再如《古意》对虚伪的嘲讽：

> 狐能化美女，狸亦作书生。
> 谁知异类物，幻惑同人形。
> 变化尚非艰，操心良独难。

欲辨真与伪，愿磨心镜看。

咏史诗在中国古代诗歌中也占有重要的地位。它以历史为基本题材，或咏叹历史人物，或评说历史事件，或凭吊历史遗迹……刘大杰的《中国文学发展史》说，"咏史起于班固"。此后，西晋的左思、东晋的陶渊明都有咏史诗。到了中唐，咏史诗的创作蔚然成风，杜牧、李商隐是咏史诗的大家。崔致远的咏史诗最具代表性的是《熊津公山城诗》：

襟带江山似画城，可怜今日静消兵。
阴风忽卷惊涛起，犹想当时战鼓声。

晚唐时期，盛唐的雍容华贵早已不再，唐帝国已是千疮百孔。晚唐的诗歌，自然也失去了盛唐的恢宏之气，而大多都感染了一种伤感悲凉的情绪，或自叹穷途之悲，或抒写超然物外、寄情山水的思绪。因生活在晚唐十多年，崔致远的诗歌自然也具有晚唐诗歌某些特征，如五言绝句《秋夜雨中》：

秋风唯苦吟，世路少知音。
窗外三更雨，灯前万里心。

孤寂无依的伤痛溢于言表。又如《山阳与乡友话别》：

相逢暂乐楚山春，又欲分离泪满巾。
莫怪临风偏怅望，异乡难遇故乡人。

离别与乡愁融于一体，有一种深切的游子之伤。再如《寓兴》：

愿言扃利门，不使损遗体。
争奈探珠者，轻生入海底。
心荣尘易染，心垢正难洗。
澹泊与谁论，世路嗜甘醴。

"扃"（jiǒng），拴。"扃利门"就是把"利门"拴住。这首诗写自己要"扃利门"，"洗""心垢"，超然物外的恬淡之心昭然可见。

崔致远与罗隐、杜荀鹤

前面已述，崔致远与罗隐、杜荀鹤结下了深厚友谊，自然他的诗作也会多少受到这两位大诗人的影响。

罗隐是晚唐著名的江东诗人。朝鲜《三国史记》记载：崔致远"始西游时，与江东诗人罗隐相知，隐负才自高，不轻许可人，人示以公所制歌诗五轴，隐乃叹赏"。罗隐长于七律咏物，崔致远也喜欢用七律咏物，有《石峰》《潮浪》《沙汀》《杜鹃》《海鸥》《山顶危石》《石上矮松》《红叶树》《石上流泉》等；罗隐有《题磻溪垂钓图》诗，崔致远也有《磻溪》；罗隐《经张舍人旧居》有"一榻已无开眼处，九泉应有爱才人"联句，崔致远的《再献启》有"人间之要路通津，眼无开处；物外之青山绿水，梦有归时"联句，都以青眼未开喻难得赏识。

杜荀鹤是晚唐安徽籍诗人，才华横溢，但仕途坎坷，诗歌自成一家，长于宫词。他提倡诗歌要继承风雅传统，反对浮华，诗作平易自然。杜荀鹤有七律《赠溧水崔少府》："庭户萧条燕雀喧，日高窗下枕书眠。只闻留客教沽酒，未省逢人说料钱。洞口礼星披鹤氅，溪头吟月上渔船。九华山叟心相许，不计官卑赠一篇。"这里的"崔少府"即是崔致远，唐时称县尉为少府。杜荀鹤写此诗时正隐居在九华山，故说"九华山叟"。从这首诗中可以看出崔杜友谊深厚。自然，崔致远的诗歌创作也会受到杜荀鹤的影响，诗风自然平易。

除诗歌外，崔致远的散文也是新罗汉文学遗产中的精华。《桂苑笔耕集》收录了300余篇文章，虽然是以唐末流行的骈文写成，但条贯理畅，兼具写景、叙述和抒情的优长；用典繁富，古雅谐畅。

据《三国史记》，晚年的崔致远归隐山林。经历了唐末黄巢之乱和新罗本国的动乱，崔致远"动辄得咎，自伤不遇"，遂"逍遥自放于山林之下，江海之滨，营台榭，植松竹，枕藉书史，啸咏风月"，最终携家归隐于伽倻山海印寺。读他的《题伽倻山读书堂》——"狂奔叠石吼重峦，人语难分咫尺间。常恐是非声到耳，故教流水尽笼山"——感觉尘心净洗，人已完全融于山水之中。

崔致远对朝鲜半岛汉文学的发展有着非常深远的影响。朝鲜高丽时期文学家、学者李奎报（1169—1241）说崔致远"有破天荒之大功，故东方学者皆以为宗"。这里的"东方"即朝鲜。

四 朝鲜的"李太白"

李奎报被誉为朝鲜"李太白"

公元918年，高丽王朝取代新罗，朝鲜进入高丽王朝时期（918—1392）。光宗九年（958），朝鲜开始采用以中国典籍为考试主要内容、以汉文写作的科举考试制度。《东国通鉴》①卷十三《高丽纪》说："光宗九年夏五月，命翰林学士双冀知贡举，试以诗、赋、颂及时务策，取进士……始用冀议置科举，自此文风乃兴。"

高丽王朝四百多年间，大力倡导汉文学。学习文章，《昭明文选》②是举子们的必读书。学习诗歌，前期尊唐诗，以李白、杜甫为最；后期流行宋诗，以苏轼为最。其间人才辈出，李奎报、李仁老、金丘、李齐贤等，都以诗文著名。其中李奎报最负盛名，"高丽一代无所企及者"，有"海东谪仙李太白"之誉，对朝鲜后世文学产生了极大影响。

李奎报（1169—1241），字春卿，号白云居士，1190年登进士第，一生创作了8000余篇诗歌与散文，今传世的约有2000余篇，分别收录在《东国李相国集》和《白云小说》中。李奎报极富诗才，想象丰富，气势豪迈，语言畅快，韵律和谐，确有李白之风范。弃庵居士安淳之评价说："发言成章，顷刻百篇。天纵神授，清新俊逸，人以公为李太白，盖实录。然以仆言之，其醉饮之际，狂海荡然，锦肠烂然，即已相类。"

---

①《东国通鉴》：朝鲜官方编写的汉文编年体史书，成书于15世纪（1446年开始编写，1485年完成）。由徐居正、郑孝恒等学者奉朝鲜成宗之命编撰。

②《昭明文选》：又称《文选》，是中国现存的最早一部诗文总集，选录了先秦至南朝梁代八九百年间，100多个作者，700余篇各种体裁的文学作品。《文选》由南朝梁武帝的长子萧统组织文人共同编选。萧统死后谥"昭明"，所以他主编的这部文选被称作《昭明文选》。

李奎报服膺李白

毫无疑问，李奎报取得的文学成就与汉文学有着广泛、深刻的内在联系。他对屈原、陶渊明、李白、杜甫、白居易、苏轼等都有很高的评价，且从这些大诗人身上学到了许多。因为性情与李白相近，所以李白成了李奎报的偶像，受李白的影响也最深。

他的《读李白》这样写：

呼作谪仙人，狂客贺知章。降从天来得见否？贺老此语类荒唐。及看诗中语，岂是出自人喉吭。名若不书降药阙，口若未吸丹霞浆，千磨百炼虽欲仿其体，安可吐出翰林锦绣之肝肠！皇唐富文士，虎攫各专场。前有子昂后韩柳，又有孟郊张籍喧蜩螗。岂无语宏肆，岂无词屈强，岂无艳夺春葩丽，岂无深到江流汪，如此飘然格外语，非白谁能当？虽不见乘鸾驾鹤去来三清态，已似寥廓凌云翔！所以呼谪仙，贺老非真狂。

他在《问谪仙行赠内翰李眉叟坐上作》中写道：

我不见太白，思欲梦见之。梦亦不可见，久矣吾之衰。今日逢君真谪仙，梦耶觉耶心复疑……谪仙谪仙吾已见，虽使执鞭安敢辞。

从这些诗作中可以看出李奎报对李白的服膺。因为对李白有着这样的认知、认同，李奎报也就以李白为模范，在诗歌创作上对其多有借鉴。

李奎报模仿李白

李奎报模仿李白时有的是直接模仿。李白的《将进酒》有诗句"君不见黄河之水天上来,奔流到海不复回""古来圣贤皆寂寞,惟有饮者留其名",李奎报则写下这样的诗句:"君不见武昌贞女真可怜,一登苍崖望夫回。"(《题咸校堪子真子石砚》)"古来得意只酒杯,莫辞对月倾全罍。"(《醉中走笔赠李清卿》)。李白的《月下独酌》其二中有"三杯通大道,一斗合自然"之语,李奎报在《复合》中写下这样的诗句:"五斗解醉闻乃祖,三杯信道出吾宗。"李白《与韩荆州书》中有"生不用封万户侯,但愿一识韩荆州"之语,李奎报在两首赠诗中分别写道:"愿识荆州不愿侯,果然风韵暗相符。""此生幸识韩州面,何羡人间万户侯。"

有的是以李白其人其事为创作素材,如李白在沉香亭为唐明皇进《清平调》的故事在李奎报的诗中多次出现。《朴学士见和复次韵》这样写:"鸟作国香如何道,花呈家瑞又安知。若教称种沉香北,何必清平芍药间。"《醉赠金君瑗并序》这样写:"鸡林先生谪仙人,罗绮丛中富贵身。蓬莱殿上醉脱鞋,误将飞燕譬太真。一朝谪向江南天,醉卧烟花二十春。玉笼那致九包凤,金巢难驯五色麟。"

李奎报借鉴李白

李奎报在创作中更多是借鉴李白的审美意识和审美方式。李白是儒道合一的文化体。龚自珍说:"屈庄实二,不可以并,并之以为心,自白始。"李奎报一生也是出入于儒道之中。李白喜欢月亮意象。据统计,《全唐诗》收李白诗1166首,出现"月"523次,其频率远高于全唐诗的平均数。李白诗歌的月亮意象常常具有奇幻的复合诗意功能。李奎报也爱恋月亮，写下了许多咏月诗，如："海山千里月分明，何处渔歌唱太平。瞠目彷徨君不怪，同人自古苦钟情。"(《玄上人见和复用前韵》)"霁天寒碧月明分，十二莲花滴沥声。除却烧香无一事，始知禅格高大生。"(《又用古人诗韵走笔书壁上》)李白诗常常想落天外，豪放飘逸。李奎报诗也不落窠臼，没有俗语，如："蛩然闻足音，一笑响空谷。兹游岂偶然，宿债负幽独。"(《又用东城诗韵》)"吾闻于古人，苍穹之去地。二亿万八千，七百八十里。"(《东明王篇》)"人龙凌海跃，诗虎动天咆。明镜妍媸别，洪溟巨细包。"(《上左谏议李桂长》)诗歌形式上，李白众体皆备，李奎报的诗也从四言到七言，从古体到近体，样样皆通。

"二李"意趣相通

李奎报所以与李白如此相通，最重要的原因是两人对诗歌的追求一致。李白提倡"兴寄"与"风骨"，鄙薄"艳薄"，以传承并发扬诗骚传统为己任，高唱"大雅久不作，吾衰竟谁陈？"李奎报"对于当时流行于文人学士之中的形式主义诗风不以为然。这种形式主义只追求辞藻，不注重内容，一味无病呻吟，矫揉造作……他反对那种一味雕琢，因文害意的形式主义倾向"[①]。他在《论诗》中说："迩来作者辈，不思风雅义。外饰假丹青，求中一时嗜。意本得于天，难可率尔致。自揣得之难，因之事绮靡。以此眩诸人，欲掩意所匮。此俗寝已成，斯文垂堕地。"

[①] 韦旭升：《朝鲜文学史》，北京大学出版社1986年版，第84页。

许多人称李奎报为高丽的"李太白",但李奎报表示自己不能与李白相提并论。

当时还有一位叫尹威的文人,细读李奎报的诗文以后,十分推崇,遂写诗寄给李奎报,称李奎报为海东"谪仙"。李奎报依其韵写诗回答,谢绝接受这一殊荣:"目我天仙徒慰耳,勉妆嫫母岂成妍。逢人辄必言皆尔,不亦多哉李谪仙。"李奎报认为加给他"天仙"的虚名,就像尽力给丑妇盛妆也变不成美女。假如碰到一个写诗人就一定这样称呼他,世上的李谪仙岂不是太多了吗?

还有一位叫安置民的文人,撰文高度评价李奎报的诗歌成就,称李奎报是"李太白之再生"。对此,李奎报也致函拒绝接受此种称誉:"太白天人也,其语皆天仙之词,仆虽耗竭精思,百日百夜方得一诗……仆之于太白,邈若霄壤相悬。"

当然,李奎报对其他诗人也有着丰富的传承。这从他的《读李白》诗中那样纯熟地融入贺知章、陈子昂、韩愈、柳宗元、孟郊、张籍也可窥一斑。其实,屈原、陶渊明、杜甫、王维、白居易、杜牧等对李奎报都有很大的影响。大体可以说,李奎报是汉文学滋养的朝鲜文学家,是汉文化滋养的朝鲜文化名人。

五 汉字与日本史书

日本古代史书的几个片段

"古天地未剖,阴阳不分,混沌如鸡子,溟涬而含芽。及其清阳者,薄靡而为天;重浊者,淹滞而为地。精妙之合专易,重浊之凝竭难，故天先成而地后定，然后神圣生其中焉。故曰：开辟之初，洲壤浮漂，譬犹游鱼之浮水上也。"

(《日本书纪》卷第一)

大意为：古时天地没有分开，阴阳没有区分，混沌像鸡蛋，蒙蒙中蕴含生命。等到那清气上扬，轻盈美丽的大气铺展开形成天；重浊的物质下坠滞留形成地。精气妙合专一、容易，重浊物质全部凝结很难，所以天先形成，之后地才确定，这以后神圣就在天地中孕育了。所以说，开天辟地的初始，大地浮游漂动，就像游鱼浮游在水上。

"当此时，妖气稍动，叛者一二始起。于是天皇夙兴夜寐，轻赋薄敛，以宽民萌；布德施惠，以振困穷；吊死问疾，以养孤孀。是以政令流行，天下太平，二十余年无事矣。"

(《日本书纪》卷第一)

大意为：在这时，妖孽的气势渐渐跃动，叛乱的一两个人开始发难。于是天皇早起晚睡，减轻赋税，使百姓有宽松的生息空间；遍施恩惠，赈济处境困难的百姓；吊唁死者，慰问病人，抚养孤儿寡母。因此，政策法令能通行无阻，天下太平，二十多年没有变乱。

"藏下麻吕为讨贼将军，力战破贼。事平，以功授从三位，擢右兵卫贤。废帝徙淡路，藏下麻吕护送之。神护元年，授勋二等，为近卫大将，兼左京大夫。景云元年，兼伊豫、土佐按察使。光仁帝之立，与定策之议。迁兵部卿，兼东宫大夫。寻除大宰帅，拜参议。宝龟六年，薨于官，年四十二。"

(《大日本史》卷一百二十列传，第四十七)

大意为：藏下麻吕任讨贼将军，全力奋战，打败了叛军。战事

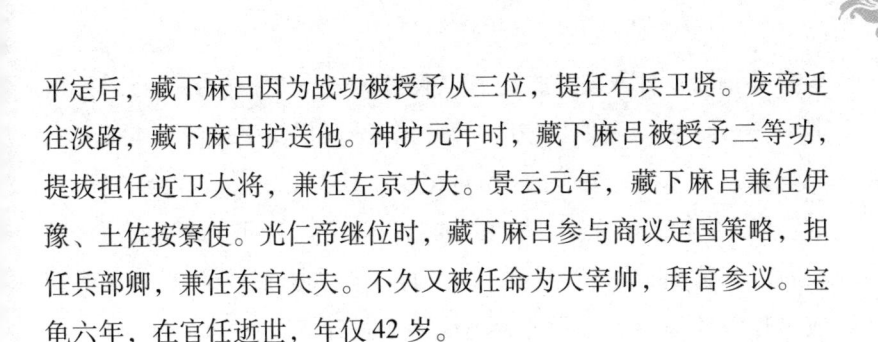

平定后，藏下麻吕因为战功被授予从三位，提任右兵卫贤。废帝迁往淡路，藏下麻吕护送他。神护元年时，藏下麻吕被授予二等功，提拔担任近卫大将，兼任左京大夫。景云元年，藏下麻吕兼任伊豫、土佐按察使。光仁帝继位时，藏下麻吕参与商议定国策略，担任兵部卿，兼任东官大夫。不久又被任命为大宰帅，拜官参议。宝龟六年，在官任逝世，年仅42岁。

1895年前日本用汉文编写历史

《日本书纪》《大日本史》都是日本人用熟练的中国古汉语编撰的历史著作。

日本人编撰自己的历史为什么用中国古汉语？因为成熟的日本文字历史短，至今约有1000年。1000年之前，日本人的各种书写基本上用汉字，历史著作的撰写自然也就要用古汉语了。

《日本书纪》是日本的第一部有组织的国史，成书于元正天皇养老四年（唐玄宗开元八年，720年），是舍人亲王奉天皇之命编写的。书名原仿中国《汉纪》《后汉纪》称为《日本纪》，后再仿中国《汉书》《唐书》加一"书"字，改名为《日本书纪》。之前日本史书有《古事记》，由于当时汉语写作还不很熟练，所以是用汉字和以汉字作音标的日语夹杂写成。

之后，日本陆续用汉文修成《续日本纪》《日本后纪》《续日本后纪》《日本文德天皇实录》《日本三代实录》等五种史书。这五种史书与《日本书纪》合称"六国史"。"六国史"在日本史学史上有着极其重要的意义，类似于中国的"前四史"（《史记》《汉书》《后汉书》《三国志》）。

公元1000年后，日本文化逐渐由模仿中国转向创造。公元

1000年前后，日本成熟的文字"假名"——"平假名"与"片假名"——诞生了。假名是在"万叶假名"（用汉字标注日本语音的"真假名"）基础上完善的。5世纪初，日本出现了被称为"假名"的借用汉字标音的文字。8世纪时，以汉字标记日本语音的用法已较固定。平安时代（794—1192），日本人根据标音汉字楷体偏旁造成"片假名"，采用汉字草体造成"平假名"。

假名产生之后，日本产生了日文史书（又称"和文史书"）《大镜》《今镜》《水镜》等。但史学家认为，这些史书实际上没有脱离汉语史书的藩篱，和"六国史"一样，基本上是中国史书精神骨架——"中国有殷鉴不远的古语，史书也有《唐鉴》《资治通鉴》等，凡君主之鉴戒从道德立场编的，多题'鉴'字。"[1]"镜"与"鉴"同义，从修史精神上说，这些日本史书实际上是汉文史书的翻版。因为汉字此时依然是日本书写的主体文字，这些史书的书写形式也并没有为日本人自己完全认可。

江户幕府时期（1603—1867），日本产生了两位大史学家，一位是崇拜中国文化的儒学大师林罗山，他用汉文编写的《本朝编年录》影响极大；一位是建立日本史学划时代事业的德川光圀，他用汉文编写的《大日本史》被认为是日本明治维新的重要推力。

明治二十八年（清光绪二十一年，公元1895年）甲午中日战争结束后，日本政府取消原先制订的《汉文编年史》修史计划，结束了1200余年用汉文编写历史的历史。

---

[1] 伊豆公夫：《日本史学史》，转引自朱云影《中国文化对日韩越的影响》，广西师范大学出版社2007年版，第5页。

1945年后汉字在日本的使用被限制

汉字最早何时传入日本,没有确切的记载。最早可能在公元前3世纪,中国大陆移民到日本,带去了汉字。日本出土的弥生时代(公元前3世纪—公元3世纪)文物(陶器等)上面刻有"大""竟"等汉字。《三国志》记载,公元3世纪魏国与日本邪马台国有外交文书往来,这些文书都是用汉字书写。《宋史·倭国传》记载,公元478年雄略天皇向南朝顺帝呈送了用汉语四字句书写的表文。现在一般认为,汉字正式传入日本是在公元4世纪末或5世纪初。此时,中国的儒家经典和佛教经典(经汉语翻译的佛经)陆续传入日本,首先在日本的上层社会传开,朝廷官员和贵族通过阅读汉文经典,逐渐掌握了汉字的使用,用汉字书写文书。公元9世纪前,日本所有的文献都用汉字书写。

日本文字(假名)产生之后,很长一段时间,汉字依然被日本人认为具有最高的表现力和审美价值。一个突出的例子是,原先用假名书写的文献,他们再用汉字重新书写一遍,称为"真名本"。如这时流行的用假名创作的两部长篇小说《伊氏物语》和《平家物语》,都有"真名本"。人们阅读汉文汉诗,不是读译本,而是读汉文汉诗原著。日本人早先读汉文汉诗有两种读法,一种叫汉文直读法,即直接读汉语语音;一种叫"汉籍和训",即在汉文原著上,按每一个汉字的训诂意义,标上日本假名。日本人这样通过汉字直接接触中国典籍的情况,一直延续到明治维新初年,即1860年代。

明治维新后,汉文的地位在日本逐步下降,但余韵犹存。如这时的著名社会活动家江兆民,就依然用汉文翻译卢梭的《契约论》,

而不是用日本假名；著名文学家夏目漱石作汉诗200多首，他认为这些汉诗是自己"逃出了现实生活压迫的心灵，在重返原本自由的心境，获得了闲定的时光后油然蓬勃迸发出来的天然的彩纹"。稍晚于夏目漱石的著名文学家芥川龙之介，一生醉心于汉文典籍，藏书中有汉籍188类，共1177册。在普通民众的生活中，汉文的阅读与汉字的使用也非常广泛，政府几次限制汉字使用的方案都无疾而终。

1945年日本战败后，随着美国占领军进驻日本，汉字与日本的许多旧制度一起，被列为扫除对象。美国政府建议日本减少汉字使用并最终废除汉字，但汉字在日本全面使用已有1500余年的历史，绝大多数日本典籍都用汉字写成，汉字已同日本文化融为一体，汉字已经成为日本文化核心的重要元素，根本不可能废除。日本政府于是在1946年制定了《当用汉字表》，收录常用汉字1850个，在学校教育中使用。1981年日本政府又制定了《常用汉字表》，将常用汉字增加到1945个。

日本古代史书编写从形式到精神基本模仿中国史书

汉字在日本的使用，不只是作为一种书写符号使用，更是中国文化在日本的传播。因为日本在接受汉字这种书写符号的同时，也接受了这种符号背后的思想文化。这种思想文化的接受主要表现在两个方面：一方面是直接接受汉字表达的中国思想文化概念，如"忠""孝""仁""世界""觉悟""彼岸"等；另一方面是模仿中国文化"创造"自己的历史，这主要是通过史书的编撰来实现。中外学者研究发现，日本的史书编写从形式到精神基本模仿中国的史书。

日本著名史学家清原贞雄说："'六国史'专仿中国《史记》

《汉书》以下诸史中的本纪而编。中国历代正史所谓二十四史，都是某朝把灭亡了的前朝的历史加以编纂，例如唐朝编纂隋朝的历史，日本朝廷一系相传，并不似中国有彼亡此兴的事实，却也模仿中国，只记到前代为止，而不记当代的事。"[1]

中国著名史学家朱云影说：《日本书纪》"常以我国正史记载为蓝本，杜撰史事"；《大日本史》的"最大特色，是发扬春秋精神"，"特别注重'辨夷华，别内外'"，甚至将中国隋唐列为"诸蕃"，以"夷"相称。朱先生认为，"春秋精神""唤起了各民族觉醒，也促进了各国的进步"[2]，当然包括日本在内。

"春秋精神"是中国史学的一个突出传统。自孔子作《春秋》，寓褒贬，别善恶，重名分，严内外，后代史学家基本沿此路治史，日本史学家修史也沿此途前进。特别是"别内外"的观念，对日本历史的哺育尤甚，一步步孕育出了德川光圀这样具有自觉的国家意识的史学家。

六 《论语》在日本

"《论语》一直是日本人精神和道德的根干，日本人通过《论语》一书，不知不觉中学会正确的处世为人之道，踏入社会之后人

---

[1] 清原贞雄：《日本史学史》，转引自朱云影《中国文化对日韩越的影响》，广西师范大学出版社2007年版，第5页。

[2] 朱云影：《中国文化对日韩越的影响》，广西师范大学出版社2007年版，第21页。

与人之间产生摩擦并为此感到痛苦时，真正起作用的是《论语》。"

这是日本著名出版社祥传社为其出版的《令高中生感动的〈论语〉》写的推介语。

《论语》是否排列在日本人的遗传组合里？这是日本学者井上宏生在 2004 年由日本河出书房新社出版的《人生歧路则〈论语〉》中提出的一个问题，并给了一个非常肯定的答案。

纵观《论语》在日本的传播，我们能清晰地看到，《论语》在日本确实产生了全面而深远的影响。日本常磐会学园大学学者赵坚在《历久弥新：〈论语〉在日本》中说："《论语》是最早传入日本的中国古代典籍之一，一直被日本的知识精英奉为'圣书'，孔子的教诲逐渐楔入社会意识形态，成为日本民族精神生活的底蕴，以及传统道德意识和价值判断的重要渊源。就像世界各地的基督教徒把《圣经》视为自身精神信仰的指南一样，《论语》在日本被视为德行和智慧的宝鉴。江户时代的儒学者伊藤仁斋将《论语》称颂为'宇宙间第一书'，反映出其在日本古代享有的无与伦比的崇高地位。明治维新使日本成为现代国家，《论语》以其不可思议的适时更新能力，继续对现代国民的精神生活产生着巨大影响。昭和年间最负盛名的学者之一、号称'昭和哲人'的安冈正笃，称颂《论语》为日本'最古同时也是最新的典籍'，为孔子作为'圣之时者'做了最好的注脚。从战后日本经济崛起以来，《论语》以及有关《论语》的书籍，常年列于畅销书榜，成为'永久的畅销书'，足见其历久弥新的永恒魅力。这种魅力，在日本进入'后工业社会'之后，依然不曾衰退。当代《论语》研究者井上宏生甚至断定《论语》的教诲业已排列于日本精神构造的遗传组合，可见《论语》精神已经超出信仰层面，而进入行为模式的领域，代代传递赓续，从正面或者负面，在积极意义或者消极意义上，潜移默化，自然而然地影响、规范着日本人的思维定式和行为方式。"

《论语》传入日本已近 2000 年

据日本最早的史书，成书于 712 年的《古事记》的记载，应神天皇十五年（284）朝鲜百济博士王仁携带《论语》十卷和《千字文》一卷，东渡日本传授儒学。这是《论语》东传日本的最早记载。尽管有些学者对此持怀疑态度，但一般认为，《论语》在日本的传播至少已有 1700 年历史。因为公元四五世纪之交，中国文化已开始成为日本上层社会的必修内容，儒学开始成为显学，其标志便是《论语》成为日本上层社会的首选读物。

《论语》传入日本后，1000 多年来各种抄本、刻本、译本、注释本、研究著作汗牛充栋。据 1915 年日本文学泰斗林泰辅编纂的《论语年谱》，中国自公元前 202 年至公元 1915 年 2000 多年间有关《论语》的著作约 1700 余部；日本自公元 285 年至 1915 年 1700 年间《论语》的抄写本、传述、刊刻本近 1000 部。这反映了《论语》在日本流传极其广泛。

二战后，《论语》已从日本主流话语中退出，但《论语》及与之相关的书籍出版却比之前更多了。据不完全统计，从 1946 年至 2009 年的 60 余年间，日本出版《论语》及与之相关的书籍达 1000 余种。以贝冢茂树著的《论语——在现代有生命力的中国智慧》一书为例，该书 1964 年初版，至今已重印 60 余次。

《论语》与日本"十七条宪法"

谈到《论语》对日本的影响，必须要谈的是日本的"十七条宪法"。604年，推古朝圣德太子制定了"十七条宪法"。

"十七条宪法"一曰"以和为贵"，"上和下睦"；二曰"笃敬三宝"；三曰"承诏必谨"；四曰"以礼为本"；五曰"绝飨弃欲，明辨讼诉"；六曰"惩恶劝善"；七曰"人各有任，掌宜不滥"；八曰"早朝晏退"；九曰"信是义本"；十曰"绝忿弃瞋，不怒人违"；十一曰"明察功过，赏罚必当"；十二曰"勿敛百姓"；十三曰"勿妨公务"；十四曰"无有嫉妒"，"千载以难待一圣"；十五曰"背私向公"；十六曰"使民以时"；十七曰"事不可独断，必与众宜论"。

从"十七条宪法"的内容可以看出，除了第二条"笃敬三宝"为礼佛之外，其余十六条几乎全部来自儒学，尤其是《论语》，用两个字概括就是"礼"与"和"，即《论语·学而》中所说的"礼之用，和为贵"。

"十七条宪法"是圣德太子根据当时政治的需要，兼取中国儒、法及佛家思想，结合日本具体情况而制定的。它是日本历史上第一个较完整而具体地提出建立中央集权统治的政治纲领。

《论语》影响日本的其他重大事件

701年，日本颁布第一部比较完整的法令"大宝律令"，其中规定官员以及官员候补的庠生修习《论语》；同时，孔子被尊奉为圣主，配飨祭祀。768年，敕命将孔子"先圣孔宣父"的称号改为"文宣王"。这样，儒学逐渐和神道、佛教一起，共同形成日本传统的意识形态。

江户幕府时期（1603—1867），荻生徂徕（1666—1728）著《论语征》，将《论语》阐释引入政治、经济等与国计民生密切相关的实用领域，直接影响了"水户学"①的形成，而成为明治维新的思想渊源之一。

被称为"日本资本主义之父"和"近代化之父"的涉泽荣一（1840—1931），著有著名的《论语和算盘》，对日本企业文化影响很大。涉泽荣一是日本株式会社企业形式的创始人，参与创立的企业有500余家，几乎涵盖各行各业。他沿着"水户学"的理论思路，化解"义利"难题，倡导"道德经济合一说"，主张"利为义之和"，不能"以利牟利"，而当"以义谋利"。涉泽荣一称"致富之根干在仁义道德，无道之富，不能永续"。他将自己的主张形象地表述为"依据《论语》把握算盘"，"右手算盘，左手《论语》"。他说，"算盘一拨而利归，《论语》一诵而德至"，由道德主导的利益才是应该索求的"无垢之利"。其"算盘"是指计算的可能性和合理性，而《论语》当然象征社会的安定性和秩序性。

七 中国文学与日本文学

日本书面文学最早出现在8世纪。成书于712年的《古事记》和720年的《日本书纪》是散文，成书于741年的《怀风藻》和8世纪晚期的《万叶集》是韵文。由于当时日本还没有形成自己的文字，所以无论哪一种文学，都是用汉字来书写。《日本书纪》《怀风藻》完全用汉语写成，是日本汉文文学的开创之作；《古事记》

---

① 在日本水户藩（现茨城县北部）形成的学问，除研究儒学外，还研究天文学、医学等自然科学。

《万叶集》借用汉字记录日本语音写成，是日本和文文学的开创之作。两种文学，都是日本文学的最初形式。

日本早期文学较全面地从中国文化、文学中汲取营养。至10世纪左右，日本产生了"物语文学"，即用日本假名创作的小说。这是和文文学的真正形成，因为实现了日本之"言"与日本之"文"的统一。但日本"物语"产生之前，约经历了300年的"汉文传奇"阶段的积淀。"汉文传奇"是日本古小说的雏形，《浦岛子传》是其代表。

日本古代文学对中国古代文学有着广泛的借鉴，这里选取日本最早的汉诗《怀风藻》、日本"物语"的巅峰之作《源氏物语》和日本新思潮文学代表作家芥川龙之介，略作介绍。

日本最早的汉诗集

结宇南邻侧，垂钓北池浔。
人来戏鸟没，船渡绿萍沉。
苔摇识鱼在，缗尽觉潭深。
空嗟芳饵下，独见有贪心。

这是日本现存最早的汉诗集，也是第一本文学集《怀风藻》中的优秀作品，题为《临水观鱼》。

《怀风藻》收集了64位日本诗人的120首作品。"怀风藻"意即"缅怀先哲遗风"，"藻"字典出陆机《文赋》："藻，水草之有文者，故以喻文焉。"作者多为当时的皇族显贵，如文武天皇、大支皇子、川岛皇子、大津皇子和其他官吏、儒生、僧侣等。诗歌以五言八句为主，内容包括侍宴从驾、宴游、述怀、咏物等。

与其他方面全面向中国学习一样，此时的日本文学也是全面向中国文学学习。《怀风藻》有 141 处引用中国诗的典故成语，40 处模拟中国诗的句式。但当时中国诗歌已成"盛唐气象"，进入了诗歌发展的黄金时代，而《怀风藻》里的诗还是六朝诗风，多为华词丽句，内容多是应酬唱和、应诏侍宴之类，思想性、艺术性都难与盛唐诗歌相比，只有少量的咏物诗具清新之气，如上引纪末茂的《临水观鱼》。不过从这些诗作中可以看出，日本初期文学已受到了中国文化的全面影响。

《怀风藻》的成书年代正是日本全面接受儒家思想的时期，因此诗人都受到儒家思想的深刻影响。像藤原万里的《仲秋释尊》，更是直接赞美孔子：

> 运冷时穷蔡，吾衰久叹周。
> 悲哉图不出，逝矣水难留。
> 玉俎风苹荐，金罍月桂浮。
> 天纵神化远，万代仰芳猷。

作者通过与孔子相关的故事和《论语》中的句子，描述了孔子的一生，同时表达了对孔子的仰慕之情。

道家思想约于 6 世纪经百济传到日本。从《怀风藻》中可以看到，老庄思想的痕迹也很明显。大支皇子在他的诗中就引用了《老子》"天道无亲，常与善人"的句子。越智直广江《述怀》写道："文藻我所难，老庄我所好。行年已过半，今更为何劳？"长屋王的《元日宴应诏》更是洋溢着浓浓的道家气：

年光泛仙籞，月色照上春。
玄圃梅已故，紫庭桃欲新。
柳丝入歌曲，兰香染舞巾。
于焉三元节，共悦望云仁。

籞（yù），苑囿的墙垣、篱笆。"仙籞"即帝王的禁苑。"三元"指道家的天、地、水。"望云"出自《史记·五帝本纪》："帝尧者，放勋。其仁如天，其智如神。就之如日，望之如云。"

从文学形式看，《怀风藻》深受《昭明文选》和六朝诗的影响。

《昭明文选》是我国最早的诗文集之一，刊行后一直受到文人们的青睐，有"《文选》烂，秀才半"之说，足见它对后世的影响之大。《昭明文选》刊行不久就传到了韩国和日本，对韩、日文学有着广泛的影响。日本的《万叶集》《凌云集》《经国集》等汉诗集从体例、分类、创作等诸方面都对其有所模仿。《怀风藻》和《昭明文选》的关系更加密切，因为它产生在日本文学的学步阶段，不仅诗歌内容与形式多有模仿，连《怀风藻》序言也与《昭明文选》的序言多有相似：《昭明文选》的序言说"余监抚余闲，居多暇日，历观文囿"，《怀风藻》序言也说"余以薄官余闲，游心文囿"。再看一看大支皇子《侍宴》与陈后主的《入隋侍宴应诏》何其相似，前者为"皇明光日月，帝德载天地。三才并泰昌，万国表臣义"，后者为"日月光天德，山河壮帝居。太平无以报，愿上万年书"。

六朝诗对《怀风藻》的影响也非常明显。《怀风藻》中的"咏物""述怀""言志"诗，其题材与形式均与六朝诗相仿。至于句子的模仿则更为普遍，如朝臣大岛的《山斋》名句"云岸寒猿啸，雾浦栖声悲"，基本模仿谢灵运《登池上楼》的名句"薄霄愧云浮，栖川怍渊沉"。

论者一般都认为大津皇子的《临终诗》是《怀风藻》中最有气魄的作品：

> 金乌临西舍，鼓声催短命。
> 泉路无宾主，此夕谁家向。

大津皇子是净御原帝长子，"幼年好学，博览而能属文，及壮爱武，多力而能击剑。性颇放荡，不拘法度"。但后来因听信新罗僧的占卜，图谋叛逆，事败被赐死，时年24岁。"金乌"指太阳。中国古代传说太阳中有三足乌，是一种吉祥鸟。大津皇子借用此典将人生与宇宙融合，将人生置于宏大的时空中，有一种藐视一切权贵的阳刚之气。

白居易与紫式部的《源氏物语》

《源氏物语》是日本第一部长篇写实小说，也是世界上最早的长篇写实小说，成书于1000—1008年之间。《源氏物语》对于日本文学的发展产生了巨大的影响，是日本文学的第一座高峰。

作者紫式部（约979—1016）是日本平安时代杰出的女作家，出身于贵族家庭，自幼熟读中国古籍，儒道释及历代诗文均有涉猎，特别热爱白居易，又熟悉音律、绘画。由于家道中落等原因，紫式部在22岁时遵父命嫁给了比她年长26岁，已有三个妻妾的筑前守藤原宣孝。婚后三年，藤原宣孝去世，留下紫式部和幼女。几年后，紫式部被召入宫，为中宫——太政大臣藤原道长的长女彰子讲解《日本书纪》和白居易诗作。由于才华出众,她博得了天皇和彰子的赏识,获得了优厚的礼遇。这样,她不仅有机会观览宫中的收藏,而且较深地体验到了宫廷内部的生活,更全面而深刻地观察、认知到了妇女的不幸,更深地感受到了贵族社会的各种矛盾。这样的人生经历给她创作《源氏物语》以深刻的影响。

紫式部生活的时代,深受中国汉唐文化的影响,有知识者言必称《文选》和唐诗,而白居易在此时的影响最为广泛。这不仅因为白诗易于理解和模仿,更因为白诗里面感伤、闲适的审美情趣和佛道思想与平安时代文化思想特征相合。平安末期王朝贵族走向衰亡,社会弥漫着浓厚的伤感气息,白诗中的"独善之心"、老庄的知足观念和佛教的"出家解脱"思想引起社会特别是上层社会深深的共鸣。

紫式部不仅生活在这样的时代,而且是这个时代个体命运的典型体现。有研究者说:"《源氏物语》就是依照本国传统文学思想和审美价值取向,吸收中国文学理念和方法,尤其是白乐天的文学观与《长恨歌》精神而达到交融的最好典范。"[1]

据《中日文化交流史大系6》之《文学卷》统计,《源氏物语》在152个情节发展点上,引用121首(篇)中国诗、文,其中引用白居易诗文80篇,引用97次,引用比较集中在《桐壶》(11次)、《须磨》(8次)、《魔法使》(7次)和《寄生》(7次)等回目中。因为《桐壶》《须磨》《魔法使》与《寄生》依次是故事的发展、渐进与高潮部分,白诗的巧妙引用不仅推动了整个故事的进

---

[1] 叶渭渠、唐月梅:《中国文学与〈源氏物语〉——以白氏及其〈长恨歌〉的影响为中心》,《中国比较文学》,1997年第3期。

程，也很好地展示了文中三位主人公执着追求爱情的个性。

这里抄录《源氏物语》引用白诗的几例，可略见两者相合之一斑：

皇上看了《长恨歌》画册，觉得画中杨贵妃的容貌，虽然出于名画家之手，但笔力有限，到底缺乏生趣。始终说贵妃的面庞和眉毛似"太液芙蓉未央柳"，固然比喻恰当，唐朝的装束也固然优雅，但是，一回想桐壶更衣的妩媚温柔之姿，便觉得任何花鸟的颜色与声音都比不上了。以前晨夕相处，惯说"在天愿作比翼鸟，在地愿为连理枝"，共交盟誓。如今都变成了空花泡影。天命如此，抱恨无穷！

（原诗见《长恨歌》）

此时一轮明月升上天空。源氏公子想起今天是十五之夜，便无穷往事涌上心头。遥想清凉殿上，正在饮酒作乐，令人不胜艳羡；南宫北馆，定有无数愁人，对月长叹。于是凝望月色，冥想京都种种情状，继而朗吟"二千里外故人心"，闻者照例感动流泪。

（原诗见《八月十五夜禁中独直对月忆元九》）

源氏公子回想起五条地方刺耳的砧声，也觉得异常可爱，信口吟诵"八月九月夜正长，千声万声无了时"的诗句，便就寝了。

（原诗见《闻夜砧》）

回顾来处，但见云雾弥漫，群山隐约难辨，诚如白居易所云，自身正是"三千里外远行人"了。

（原诗见《冬至宿杨梅馆》）

源氏公子便命取酒来饯别，共吟白居易"醉悲洒泪春杯里"之诗。左右随从之人，闻之无不垂泪。

（原诗见《别元微之诗》）

汉语文学与芥川龙之介

芥川龙之介曾这样表述对汉语、汉语文学的理解:

我们所使用的日语,即便不似法语出自拉丁语的这种关系,也受到汉语的很大恩惠。这并不仅仅是因为我们使用着汉字。汉字就算是变成罗马字,从久远的过去所积蓄的中国式的表达方式,也还是存在于日语之中。所以,读汉诗汉文既有益于日本古代文学的鉴赏,也有益于日本当代文学的创造。①

我儿童时代爱读的书籍首推《西游记》。此类书籍,如今我仍旧爱读。作为神魔小说,我认为这样的杰作在西洋一篇都找不到。就连班扬著名的《天路历程》,也无法同《西游记》相提并论。此外,《水浒传》也是我爱读的书籍之一。如今一样爱读。我曾将《水浒传》中一百单八将的名字全部背诵下来。我觉得即使在当时,《水浒传》和《西游记》也比押川春浪的冒险小说有趣得多。②

芥川龙之介(1892—1927),是日本大正时代小说家,是日本新思潮派的代表作家。他的作品以短篇小说为主(150 余篇),兼及诗、和歌、俳句、随笔、散文、游记、论文等多种。代表作品如《竹林中》(改编为电影《罗生门》)已然成为世界性的经典之作。为了纪念芥川龙之介,日本于 1935 年起设立了"芥川文学奖",该

---

① 《汉诗汉文的意趣》,《芥川龙之介全集》第 4 卷,日本岩波书店 1977 年版。

② 《爱读书籍印象》,《芥川龙之介全集》第 4 卷,日本岩波书店 1977 年版。

奖是日本奖励优秀青年作家的最高文学奖。

在日本现代作家中，芥川龙之介浸淫中国文化最深。东京日本近代文学馆的《芥川龙之介文库》中，收有芥川龙之介藏书目录，其中有汉诗汉文188种1177册，包括《渊鉴类函》（48册）、《元诗选》（36册）、《太平广记》（48册）、《唐代丛书》（36册）等大型典籍在内。

在大量阅读中国典籍的过程中，芥川龙之介构筑起了自己心中的中国形象：悠久的历史，辽阔的疆域，浓郁的文化，豪迈的英雄，如画的田园，不羁的诗人。汉诗汉文或醇厚隽永，或流丽晓畅，或阴柔，或阳刚，给了他源源不断的创作灵感。芥川借用经典文本的素材，写下了一系列有关中国的作品。这些被称为"中国物"的作品充满了浪漫的气息和对古代中国不尽的向往。

从芥川龙之介创作中可以看到，从创作起始阶段的1915年一直到他1921年4月抵达中国，几乎每年他都创作了有关中国题材的作品：《仙人》（1915），取材于《聊斋志异·鼠戏》；《酒虫》（1916），取材于《聊斋志异·酒虫》；《掉头的故事》（1917），取材于《聊斋志异·诸城某甲》；《黄粱梦》（1917），取材于唐代传奇《枕中记》；《英雄之器》（1917），取材于《两汉通俗演义》；《尾生之信》（1919），取材于《庄子·盗跖》；《杜子春》（1920），取材于《太平广记·杜子春》；《秋山图》（1920），取材于《欧香馆集补遗花·跋》；《奇遇》（1921），取材于《剪灯夜话·渭塘奇遇记》。

这些中国题材作品是芥川龙之介作品的重要组成部分，给了他极大的创作安慰。与芥川龙之介同时代的日本名作家佐藤春夫说："自明治末年至大正初期，在文坛中对中国的文物多少持有兴趣的，似乎就只有亡友芥川龙之介和自己了。"是的，还有什么能比得上让一个作家创作自己有兴趣的题材更大的安慰吗？

《奇遇》最初发表于1921年4月1日发行的杂志《中央公论》第36年第4期上。这一年的3月，芥川龙之介受大阪每日新闻社的派遣，以报社海外特派员的身份，踏上了出访中国的旅程。

《奇遇》的主人公王生为"收取年租"而去松江，回来路上，"船行至渭塘一带"时，他看见"一家店头悬挂着青旗的酒肆"，"它掩映在柳树和槐树丛中，朱栏曲槛，飘缈如画"，"在栏杆外生长着几十株芙蓉树，往河水里投落下片片树影"。"酒肆""朱栏""曲槛"正是一首山水田园诗，一幅淡雅的山水画，这正是到中国之前芥川龙之介心中的中国形象。

但到达中国后，芥川龙之介看到了什么呢？几个月的旅行，他走访了上海、江苏、江西、湖南一线，然后由长沙抵达北京。现实的中国让他产生失望和悲哀，更有深思。回日本后，他写了《中国游记》，用犀利、冷峻之笔描述了中国观感。

八 儒家思想在越南

中国文化对越南的影响是非常深远的。越南学者邓台梅先生说："同中国的文化交流，的确曾经给我们祖国文化的发展带来了好处。首先，就说语言吧，人们可以从越南语汇中找到一些来自柬埔寨和泰国的词语，但最大量的和最重要的词汇还是从中国借来的。文字也是如此，在18世纪发明'国语'（指拉丁化越南文）以前，很长时间，我们民族的书写工具一直是模仿中国象形文字的。直至上个世纪初，我们的图书印刷仍照中国的木刻印刷术进行。最后，好多个世纪以来，越南的知识分子一直喜欢用中国的古文来撰写自己的作品。"①

公元前 2 世纪儒家思想开始影响越南

公元前 214 年，秦始皇统一岭南，设象郡，下辖广西、越南等。直到 968 年丁部领在红河三角洲地区建立大瞿越国，此前 1000 多年越南一直由中国直接管辖。

中国文化对越南产生的最直接的影响，首先当然是儒家思想的影响。

这种影响最早始于赵佗时期。越南学者陈重金指出：赵佗"武功慑乎蚕丛，文教振乎象郡，以诗书而化训国俗，以仁义而固结人心"②。"武功""文教""诗书""仁义"正是儒家治国的几个要素。

儒家思想大规模、大范围影响越南是西汉王朝统一越南（公元前 111）之后，特别是汉字传入以后。公元 1 世纪，汉字传入越南，一直到 13 世纪前，汉字是越南唯一通用的文字。1075 年，越南规定汉字为全国通用文字，公私文牍全部依照中国文体，官方的文件和书籍、诗歌、文章全部用汉语写作。由此不难想见，中华文明实际上全面影响着越南。越南独立前不用多说，这里说说越南独立后儒家思想的深远影响。

968 年越南独立后儒家思想依然是其治国思想

从 968 年丁部领建立丁朝到 1868 年法国殖民越南，被称为越

---

① 参见芦蔚秋编《东方比较文学论文集》，湖南文艺出版社 1987 版。
② 陈重金：《儒教》，（越南）胡志明市出版社 1991 版，第 722—723 页。

南的独立时期。这 900 年时间,"越南历代王朝仍沿袭中国制度,设立学校,开科取士,以五经四书为考试范围,尤其最后的黎朝和阮朝,奖励儒学不遗余力,所以儒家思想在越南政治、经济、社会、宗教各方面,都曾给予重大的影响"①。

黎朝时期(相当于中国明朝),儒教被确立为治国的指导思想,受到了前所未有的重视,尤其是仁治思想受到重视。阮荐进"法令不如仁义"谏,受到黎太宗的重视。范阮攸曾上书言"正心"——"天下万事本于一心,未有心不正,而能措诸事者,此治心又万事之源本也"②,受到黎显宗的重视。

为了推动儒家思想的传播,黎朝在前朝科举制度的基础上完善了科举制度。每隔三年,各地方举办一次乡试,在京城举办一次会试。同时,按照儒家伦理思想制定礼乐制度,通过行政手段把孔子思想推向民间。黎显宗曾颁诏,申明教化十七条:"为臣尽忠,为子止孝,兄弟相和睦,夫妻相爱敬。朋友止信以辅仁,父母修身以教子。师生以道相待,家长以礼立教。子弟恪敬父兄,妇人无违夫子……"黎裕宗颁布教化条规:"士勤学业,礼义忠信……礼节从中,以昭俭俗。丧家相恤,以厚民风。"③

1802 年,阮氏王朝建立。范如登上书谏言推行仁政:"今人心望治,有如饥渴,当及此际,广推仁政,使天下得蒙其泽。"阮氏

---

① 朱云影:《中国文化对日韩越的影响》,广西师范大学出版社 2007 年版,第 115 页。
② 朱云影:《中国文化对日韩越的影响》,广西师范大学出版社 2007 年版,第 116 页。
③ 朱云影:《中国文化对日韩越的影响》,广西师范大学出版社 2007 年版,第 119 页。

一朝，大力弘扬儒教：将儒家伦理纲常思想化为法律条文，大量印刷儒家经典，除了在京都建立文庙外，还在全国各大城镇建立文庙，每年春秋定期举行大型祭礼。弘儒同时，排斥其他宗教。阮世祖统一越南不久，即下诏禁道、佛，禁止建天主教堂。

19世纪下半叶，法国殖民统治越南，阮朝灭亡，儒家地位迅速坠落。

儒家文化对越南的深远影响

尽管法国殖民统治越南后，儒家思想失去了统治地位，但因为有2000多年的浸润，对越南民族产生了全方位的影响，尤其在伦理、道德、文化、思维等方面产生了极其深远的影响，儒家思想实际上已成为了越南思想文化的重要组成部分。举其要者，可从下面三个方面来看。

培育了越南民族忠君爱国的思想。越南著名历史学家陶维英说："孔教最好的影响是在封建制度衰落，社会混乱时，正因为有儒教才使国家统一，使人民具有国家意识和民族精神。当国家面临外侵时，国家之所以能奋起抗击，保卫江山，一部分是由于儒家造就了多少代有忠君爱国精神的人。"这在越南历史进程中都有很清晰的体现。

1884年后，越南先成为法国殖民地，后被日本占领，再遭美国侵略。在反抗外国侵略斗争中，忠孝节义思想成了越南民族摆脱殖民统治的重要思想武器之一。越南著名的抗法爱国志士吴德继推崇"汉文即为国文，孔学即为国学"。1885年至1896年，越南掀起了反抗法国殖民者的"勤王运动"，其主要成员便是儒士阶层，所以又叫"文绅运动"。他们在"忠君爱国"的旗帜下，和法国殖民者进行了长达 11 年的英勇斗争。

培育了越南民族的仁爱孝悌思想。法国殖民统治之前，越南历代统治者都以"仁政"治天下，以仁爱孝悌教化天下，因此，仁爱孝悌已内化为越南民族的重要品质，这尤其表现在他们极其重视家庭人伦方面。

培育了越南民族的修身思想。越南历朝统治者都极力提倡个人修养。李朝时期，用忠孝约束官员，要求他们在神庙发誓："为臣不忠，为子不孝，神明延之。"陈太宗 1251 年题词"忠孝和逊，温良恭谦"，勉励诸皇子修身正心。黎圣宗时，特别重视应举者的德行，若应举者为"不孝、不睦、不义、乱伦及教唆之类，虽有学问词章，不许入试"。在修身文化长久熏染中，"修身"就成了越南的一种民族生活方式，修身思想融入了越南民族的文化之中。

越南民族独立运动的杰出领袖胡志明是越南发展儒学现实意义的重要人物。在革命战争年代，他用"忠于国，孝于民"来教导人民军指战员，将革命干部的人格标准概括为"仁、义、智、勇、廉"；在道德方面，他提倡"勤、俭、廉、正"，并以此作为革命者的道德准则。他针对有人认为这些说法过于陈旧说："是的，这几个字并不是新鲜的，古人曾这么说过，然而迄今仍然有用，正如我们祖先几千年都吃米饭，我们今天都不嫌米饭没什么新鲜而放弃米饭一样。"

西方编

一 成吉思汗西征与传教士来华

从元代开始，中国在西方著作中有了亲历者的记述。自此，中华文化在西方不再仅仅是想象中的存在，而是逐步成为了真实的存在。

成吉思汗西征的影响

成吉思汗于公元1219年至1260年的40余年间，先后进行了三次大规模的西征，建立起了庞大的帝国，对世界历史产生了深远的影响。

成吉思汗的西征给当时的中亚、西亚、欧洲地区带来了极大的灾难，对当时的社会秩序也造成了巨大的破坏。但是，成吉思汗的西征也使当时各国的各种政治实体、种族隔阂得到了一次大的清理，使连接东西方的丝绸之路畅通了，从东部大都（今北京）向西直达于欧洲中部。于是，中国文化包括火药、罗盘、印刷术和造纸术等进一步西传，同时也吸引了大批外国商人、旅行家来到中国，也坚定了罗马教廷派遣传教士来华的决心。13世纪，先后来华的传教士有100多人。

美国史学家斯塔夫里阿诺斯说："蒙古人的侵略起了使欧亚大陆比以往任何时候更紧密地融合为一体的作用。""这一点具有深远

的意义,直到现在,仍对世界历史的进程产生影响。"① 法国著名蒙古学家雷纳·格鲁塞对蒙古西征也给予了高度的评价:"蒙古人几乎将亚洲全部联合起来,开辟了洲际的道路,便利了中国和波斯的接触以及基督教和远东的接触。中国的绘画和波斯的绘画彼此相识并交流。马可·波罗得知了释迦牟尼这个名字,北京有了天主教的总主教。将环绕禁苑的墙垣吹倒,并将树木连根拔起的风暴,却将鲜花的种子从一个花园传播到另一个花园。从蒙古人的传播文化这点说,差不多和罗马人传播文化一样有益。对于世界的贡献,只有好望角的发现和美洲的发现,才能在这一点上与之比拟。这是一个足称为马可·波罗的世纪。"② 杰里·本特利、赫伯特·齐格勒在他们所著的《新全球史》中说:"蒙古帝国时期的欧亚商路不但是商人与外交使节的高速路,同时也为传教士的活动带来了极大的便利……罗马天主教也发起了在中国的传教运动。"③

第一个抵达东方的传教士

第一个抵达东方的传教士是意大利人柏朗嘉宾。1245年,罗马教皇英诺森四世在里昂召集列国会议,讨论防御蒙古的策略,决定向蒙古派遣使节。教皇从里昂选派了两个使团出使,一个由方济会传教士柏朗嘉宾率领,取道波兰和俄罗斯;另一个由方济会传教士洛伦佐率领,经地中海和亚美尼亚。他们出使的目的是想把蒙古

---

① 斯塔夫里阿诺斯:《全球通史:从史前史到21世纪》上册,北京大学出版社2006年第2版,第235页。

② 雷纳·格鲁塞:《蒙古帝国史》,商务印书馆1989年版。

③ 杰里·本特利、赫伯特·齐格勒:《新全球史》上册,北京大学出版社2007年版,第500页。

的军队从欧洲引开，劝诱他们同土耳其人和撒拉逊人进行战争，同时尽可能向蒙古人宣讲基督教，并收集各种情报。后一个使团出使后不久就没有了信息。

柏朗嘉宾1245年4月从里昂出发，一年后到达蒙古，8月参加元定宗贵由大汗的登基仪式，1247年11月返回里昂。柏朗嘉宾此行虽然未能如愿劝说蒙古人皈依基督教，但留下了《柏朗嘉宾蒙古行记》。

柏朗嘉宾的"行记"是现在可见到的欧洲人第一次亲历东方的详记，分九章详细记述了他们一行在蒙古的见闻和思考——第一章"鞑靼人①地区，其方位、资源和气候条件"，第二章"鞑靼地区的居民、服装、住宅、产业和婚姻"，第三章"鞑靼人崇拜的神，他们认为是罪孽的事，占卜术、涤除罪恶和殡葬仪礼等"，第四章"鞑靼人的淳风和陋俗，处世之道和食物"，第五章"鞑靼帝国及其诸王的起源，皇帝及其诸王的权力"，第六章"关于战争、军队的结构和武器，关于战争的韬略和部分的集结，对战俘的残酷性，对堡寨的包围和对于投降者的背信弃义"，第七章"鞑靼人怎样媾和，他们所征服地区的名称，对自己臣民的压迫，勇敢抵抗他们的地区"，第八章"怎样同鞑靼人作战，他们的意图是什么？他们的武器和部队组织，如何对付他们的韬略，堡寨和城市的防御工事，如何处置战俘"，第九章"鞑靼人的省份以及我们所经过那些省份

---

① 鞑靼人：最早于公元5世纪出现在游牧部落中，活动范围在蒙古东北及贝加尔湖周围一带。13世纪初，这个使用突厥语的游牧民族成为了蒙古征服者成吉思汗部队的一部分。成吉思汗西征，蒙古人被欧洲人统称为鞑靼人。《柏朗嘉宾蒙古行记》也以"鞑靼人"称蒙古人。

的形势,在哪里会见过我们的证人,鞑靼皇帝及其诸王的宫廷"。

《柏朗嘉宾蒙古行记》是第一本向西方详细介绍蒙古的文献,有着划时代的意义。《柏朗嘉宾蒙古行记》用拉丁语写成,后来被译成英、法、德、俄、意几十种语言,成了研究欧洲与中国关系的重要文献。

由于柏朗嘉宾出使的重要目的是考察怎样应对蒙古人,因此《柏朗嘉宾蒙古行记》较详细地介绍蒙古军队的作战方法及应对措施:欧洲的军队应以与鞑靼军队相同的方式组织起来,置于千夫长、百夫长、十夫长和军队首领的统帅之下;应严肃纪律,制定法令,对"私自逃走"或战斗尚未结束"就离开战斗转而掳取战利品者"应严厉惩罚;在军队驻防或在城市周围设防方面,应首先从地理位置的角度进行考虑,驻防地点应选在既便于统帅观察战事又利于士兵隐蔽撤退,在背后或侧翼有森林的空旷地带;在与敌人交战时,要以逸待劳,在攻击时要警惕敌人的埋伏诱陷;在后勤供应方面,要筹备必要的军粮,在加强军械装备方面要舍得花钱,等等。

第一个具体说明"契丹"(中国)地区的人

1253年,法国国王路易九世派出的以方济会传教士卢布鲁克为团长的传教团来到蒙古。

法国国王路易九世此前遣使团到蒙古,希望蒙古军队与十字军结盟对付埃及,未能如愿。但他们知道蒙古朝廷和军队中有人信奉基督教,就试图派传教士进入蒙古。于是,传教士卢布鲁克一行四人,携带国王的函件从君士坦丁堡出发前去蒙古。卢布鲁克两次受到元宪宗蒙哥的召见,但卢布鲁克留在蒙古传教的请求被婉拒,不得不返回。

1254年8月18日，卢布鲁克一行离开蒙古。1255年到达的黎波里时，当地主教不让卢布鲁克回国，让他写下经历，派人送给法国国王。卢布鲁克用了一年的时间写成了出使报告——《卢布鲁克东行记》。

《卢布鲁克东行记》是一部较《柏朗嘉宾蒙古行记》信息更丰富、资料更翔实的游记，特别是书中提供的有关契丹的信息更准确，是西方人认识中国的早期重要文献。书中说：有大契丹，其民族就是古代的"丝人"。"有人告诉我说，该地区有一个城市，城墙是银子筑成，城楼是金子。""契丹通行的钱是一种棉纸，长宽为一巴掌，上面印有几行词，像蒙哥印玺上的样子。他们（即契丹人）使用毛刷写字，像画师用毛刷绘画。他们把几个词母写成一字形，构成一个完整的词。"

卢布鲁克已经发现阿拉伯人和西方人称为契丹的国家就是古代欧洲人所说的丝国。他所说的契丹就是南宋。关于卢布鲁克的贡献有的评论将其归纳为如下三点："第一，卢布鲁克是欧洲第一个具体说明被阿拉伯人和西方人称为'Cathay'（契丹）地区的人；他从丝的产地，推测到了所谓的'赛里斯'和'契丹'，实属一国家，从而弄清了常常被混淆的中国地理和名称的对应和统一称呼问题。第二，他对中国文化的观察和介绍涉及一些前人甚至后人都有所忽略的领域，例如中医、中国书写和文字及中国的钱币等。第三，卢布鲁克澄清了西方对于东方宗教情况的谣传或误传。他提到佛徒、喇嘛僧，并和他们有过直接的交往，参加过一次由佛、道、基督教、伊斯兰教众信徒一起参加的宗教辩论会。"①

罗马教廷出使中国的第一位正式使节

13世纪后期，传教士东来形成了一个高潮，孟高维诺是其中的代表人物。孟高维诺1247年出生于意大利，是方济会修士，1289年携带教皇致忽必烈的信出使中国。他是罗马教廷派遣的第一位正式使节。孟高维诺约在1293年底到达汗八里（大都，北京），获准在此居住和布道。

孟高维诺到中国后于1305年正月和1306年2月两次致信友人，叙述自己在中国传教的情况。孟高维诺的信是当时认识基督教在中国状况的珍贵资料。

第一封信中，孟高维诺写道："东方诸国，自昔圣徒绝迹。余初来此境，受聂派②直接虐待，或唆使他人来欺侮余，种种情形，备极残酷。""余于京城汗八里筑教堂一所。于六年前已竣工，又增设钟楼一所，置三钟焉。自抵此以来，共计受洗者六千余人，若无上方所叙谗言妨害，则至今受洗者，当有三万余人。来受洗者，至今尚陆续不绝也。"

第二封信中，孟高维诺除了谈传教情况外，还谈了元的地域、风俗等方面。他写道："东方诸邦，尤以大汗所辖国境，庞大无比，全世界各国，莫与比肩。余在大汗廷中有一职位，依规定时间，可

---

① 忻剑飞：《世界的中国观——近二千年来世界对中国的认识史纲》，学林出版社1991年版，第75—76页。此段中的"赛里斯"即"Seres"，是西方早期对中国的称呼。

② 聂派：景教，即唐朝时期传入中国的基督教聂斯脱里派。

入宫内。宫内有余座位，大汗以教皇专使视余，其待余礼貌之崇，在所有诸教官长之上。"

1307年罗马教皇得知孟高维诺在中国传教的情况后，特设汗八里总主教区，任命他为总主教，指派七名主教协助他工作，其中三人抵达中国，三人死在途中，另有一人半途返回。1312年，教皇又向汗八里派遣三名副主教。

在孟高维诺等传教士的努力下，教会得到了很大的发展。到1328年孟高维诺去世时，中国的基督教徒已达几千人。孟高维诺在中国生活了34年，被誉为西方"最早的中国通"。

孟高维诺之后，意大利人鄂多立克自印度东游至中国，1322—1328年逗留中国，著有《鄂多立克东游录》；马黎诺里于1338年奉教皇之命，携国书、礼物来华，驻留汗八里四年，著有《马黎诺里游记》。

传教士构建了西方第一个中国形象——"契丹传奇"

也里可温教（元代对基督教各派的总称）传教士入华，虽然不是为传播中华文化而来，但他们的来往与著述，客观上对传播中华文化起到了重要作用。特别是他们对自己所亲历的中国的描述，充满了羡慕、赞誉之词。如他们笔下的汗八里是新兴世界大都，是一座规划有序、街道整齐、犹如棋盘的城市；大都四通八达的交通网络和联络各地的驿站，对世界各地的信息了如指掌；元朝对各种宗教、各种人种、各种文化采取包容的宽厚政策，元大都是多元文化的微缩体。他们的介绍，构建了西方第一个中国形象——"契丹传奇"——其中至高无上的大汗、疆域广阔的领土、威猛野蛮的军队、繁华富裕的都市是其主要表征。

《马可·波罗游记》与欧洲对中国的向往

马可·波罗笔下的汗八里(北京)[1]

在这个广场内还有一个广场。它四周的城墙极厚,高二十五英尺,城垛和矮墙全是白色的。这广场周长四英里,每边长一英里,和上述的广场一样,南北各有三座门,场中也同样建有八个建筑物,作为皇帝藏衣之用。各城墙之内都种着许多美丽的树木,还有草场,饲养着各种动物,如大鹿、麝、小鹿、黄鹿和这一类的其他野兽。每道墙之间,如没有建筑物,也按这种规划布置。这里青草茂盛。草场上的每条小径都有砖石铺面,比草场地面高出三英尺,使得污泥雨水不至于积成水坑,而只是向两旁流,用来滋润草木。

在这四英里的广场内,建有大汗的宫殿。其宏大的程度,前所未闻。这座皇宫从北城一直延伸到南城,中间只留下一个空前院,是贵族们和禁卫军的通道。房屋只有一层,但屋顶甚高,房基约高出地面十指距,周围有一圈大理石的平台,约二步宽。所有从平台上经过的人外面都可看见。平台的外侧装着美丽的柱墩和栏杆,允许人们在此行走。大殿和房间都装饰雕刻和镀金的龙,还有各种鸟兽以及战士的图形和战争的图画。屋顶也布置得金碧辉煌,琳琅满目。

---

[1] 选自《马可·波罗游记》,福建科学技术出版社1981年版。

宫殿的四边各有一大段大理石铺成的石阶，由此可从平地登上围绕宫殿的大理石平台，凡要走近皇宫的人都必须通过这道平台。

大殿非常宽敞，能容纳一大群人在这里举行宴会。皇宫中还有许多独立的房屋，其构造极为精美，布局也十分合理。它们的整个规划令今人难以想象。屋顶的外部十分坚固，足以经受岁月的考验，并且还装饰着各种颜色，如红、绿、蓝等。窗户上安装的玻璃也极精致，犹如水晶一样透明。皇宫大殿的后面还有一些宏大的建筑物，里面收藏的是皇帝的私产和他的金银珠宝。这里同样也是他的正宫皇后和妃子的宫室。大汗住在这个清静的地方，不受外界的任何打扰，所以能十分安心地处理事务。

在大汗所居的皇宫的对面，还有一座宫殿。它的形状酷似皇宫，这是皇太子真金的住所。因为他是帝国的继承人，所以宫中的一切礼仪与他的父亲完全一样。离皇宫不远的北面距大围墙约一箭远的地方，有一座人造的小山，高达一百步，山脚周围约有一英里，山上栽满了美丽的常青树，因为大汗一听说哪里有一株好看的树，就命令人把它连根挖出，不论有多重，也要用象运到这座小山上栽种，这使得这座小山增色不少。因此这座小山树木四季常青，并由此得名青山。

小山顶上有一座大殿，大殿内外皆是绿色，小山、树木、大殿这一切景致浑然一体，构成了一幅爽心悦目的奇景。在皇宫北方，城区的旁边有一个人造的池塘，形状极为精巧。从中挖出的泥土就是小山的原料。塘中的水来自一条小溪，池塘像一个鱼池，但实际上却只是供家畜饮水之用。流经该塘的溪水穿出青山山麓的沟渠，注入位于皇帝皇宫和太子宫之间的一个人工湖。该湖挖出的泥土也同样用来堆建小山，湖中养着品种繁多的鱼类。大汗所吃之鱼，不论数量多少,都由该湖供给。

溪水从人工湖的另一端流出,为防止鱼顺流逃走,在水流的入口处和出口处都安着铁制或铜制的栅栏。湖中还养有天鹅和其他小鸟。还有一桥横跨水面,作为皇宫和太子宫的通道。

马可·波罗笔下的京都(杭州)[①]

据说,该城中各种大小桥梁的数目达12000座。那些架在大运河上,用来连接各大街道的桥梁的桥拱都建得很高,建筑精巧,竖着桅杆的船可以在桥拱下顺利通过。同时,车马可以在桥上畅通无阻,而且桥顶到街道的斜坡造得十分合适。如果没有那么多桥梁,就无法构成各处纵横交错的水陆十字路。

城外,在靠河的一面有一道宽沟环绕,长约40英里。沟里的水就引自上面提到的那条河。这道沟是当地古代的君主挖掘的,为的是在河水泛滥时,将溢出的河水排泄到沟内。同时它还是一种防御措施。从沟中掘起的泥土就堆在护城河的内侧,形成许多小山,围绕此沟。

城内除了各街道上密密麻麻的店铺外,还有十个大广场或市场,这些广场每边都长达半英里。大街位于广场前面,街面宽四十步,从城的一端笔直地延伸到另一端,有许多较低的桥横跨其中。这些方形市场彼此相距四英里。在广场的对面,有一条大运河与大街的方向平行。这里的近岸处有许多石头建筑的大货栈,这些货栈是为那些携带货物从印度和其他地方来的商人而准备的。从市场角

[①] 选自《马可·波罗游记》,福建科学技术出版社1981年版。

度看，这些广场的位置十分利于交易，每个市场在一星期的三天中，都有四五万人来赶集。所有你能想到的商品，在市场上都有销售。

此处各种种类的猎物都十分丰富，如小种牝鹿、大赤鹿、黄鹿、野兔，以及鹧鸪、雉、类雉的鹧鸪、鹌鹑、普通家禽、阉鸡，而鸭和鹅的数量更是多得不可胜数，因为它们很容易在湖中饲养，一个威尼斯银币可买一对鹅和两对鸭。

城内有许多屠宰场，宰杀家畜——如牛、小山羊和绵羊——来给富人与大官们的餐桌提供肉食。至于贫苦的人民，则不加选择地什么肉都吃。

一年四季，市场上总有各种各样的香料和果子。特别是梨，硕大出奇，每个约重十磅，肉呈白色，滋味芳香。还有桃子，分黄白两种，味道十分可口。这里不产葡萄，不过，其他地方有葡萄干贩来，味道甘美。酒也有从别处送来的，但本地人却不喜欢，因为他们吃惯了自己种的谷物和香料所酿的酒。城市距海十五英里，每天都有大批海鱼从河道运到城中。湖中也产大量的淡水鱼，有专门的渔人终年从事捕鱼工作。鱼的种类随季节的不同而有差异。当你看到运来的鱼，数量如此多，可能会不信它们都能卖出去，但在几个小时之内，就已销售一空。因为居民实在太多，而那些习惯美食、餐餐鱼肉并食的人也是不可胜数的。

这十个方形市场都被高楼大厦环绕着。高楼的底层是商店，经营各种商品，出售各种货物，香料、药材、小装饰品和珍珠等应有尽有。有些铺子除酒外，不卖别的东西，它们不断地酿酒，以适当的价格，将新鲜货品供应顾客。同方形市场相连的街道，数量很多，街道上有许多浴室，有男女仆人服侍入浴。这里的男女顾客从小时起，就习惯一年四季都洗冷水浴，他们认为这对健康十分有利。不过这些浴室中也有温水，专供那些不习惯用冷水的客人使用。所有的人都习惯每日沐浴一次，特别是在吃饭之前。

西方人写的第一部全面介绍中国的游记

马可·波罗（1254—1324），意大利威尼斯人。马可·波罗17岁时跟随父亲和叔叔途经中东，历时四年多到达中国。他在中国游历了十七年，于1295年回到家乡。回国三年后，威尼斯和热那亚之间因贸易爆发了战争，马可·波罗在战争中被捕，关入热那亚监狱。《马可·波罗游记》是他在狱中口述，由狱友鲁斯蒂谦记录下来的。《马可·波罗游记》是西方人写的第一部全面介绍中国的游记。

《马可·波罗游记》共分4卷，共229章。第一卷记述其沿途见闻；第二卷记述忽必烈及汗八里宫殿、节庆、游猎等，自大都南行至杭州、福州、泉州等；第三卷记述日本、越南、东印度、南印度、印度洋沿岸、非洲东部等；第四卷记述成吉思汗后裔诸鞑靼宗王的战争和亚洲北部。

《马可·波罗游记》第二卷是全书的主体部分，非常全面地记述了中国的政治、军事、经济、文化等，尤其是成吉思汗、汗八里、京师以及中国的丰富物产、发达的科技等几个方面。

在马可·波罗的笔下，成吉思汗是鞑靼人最伟大的君主。"约在1187年，他们选举成吉思汗为自己的君王。成吉思汗体格健壮，聪明机智，擅长辞令，更以勇敢而著称，他的统治十分公正谦和。人民不仅把他当作君王，简直视他为自己的主人。他的善良、伟大的品格名扬各地，所以所有的鞑靼人无论住在多么偏远的地方，都愿意服从他的命令。成吉思汗看到自己统治着这么多勇敢的人民，便雄心勃勃地想要离开这个蛮荒之地。他命令他的人民准备好弓箭和他们所擅长的其他武器，率领他们攻城掠寨，占领了许多城市和省区。成吉思汗凭借他的公正与德行赢得了广大人民的拥护。他所到之处，人民都十分欢悦，都以得到他的保护和恩惠而感到幸福。"

从前面引述的文字中，确实可以读到汗八里的豪华壮丽和京师的繁荣昌盛。马可·波罗称杭州为"天城"，称苏州为"地城"。他说杭州是世界上最富丽名贵的城市，有房屋160万所；商业繁盛，有12种行业，每种行业有1.2万个部门；人民举止礼貌，讲究卫生，全城有大小浴室3000所。

写到物产时，马可·波罗说中国的小麦、稻米和其他谷物也十分丰富，并且价格便宜。淮安府是大批商品的集散地，通过大河将货物运销各地。九江市虽然不大，却是一个商业发达的地方，由于九江市濒临江边，所以它的船舶非常多。马可·波罗说自己看到的船只不下15000艘。苏州居民生产大量的绸缎，不仅供给自己使用，而且还行销其他市场。他们之中，有些人已经成为富商大贾。

马可·波罗还记述了元代通行的纸币："这种纸币的制造，无论它的规格和认可手续，都和真正的纯金币或纯银币那样郑重可信"；记述了中国的天文历法情况：北京约有5000名星占学家和占卜家，"他们有他们自己的观象仪，上面画有星宿的符号、时间和它的全年的几个方位……他们从各种符号的星宿在轨道上运行图象中，发现天气的变化，并且用这样方法预测每月的特别气象，例如……雷鸣、暴风雨、地震等"。

《马可·波罗游记》作为第一部全面、深入介绍中国的游记，

极大地丰富了中世纪欧洲对东方及中国的认识，打碎了欧洲便是世界的神话，把一个有血有肉的中国呈现在欧洲人面前，令他们无比惊奇，人们争相传阅，以至于该书在欧洲风行一时，抄本多达143种，被誉为"世界一大奇书"。

《马可·波罗游记》将中国古代文明向欧洲作了比较全面的介绍，包括中国的宫殿建筑、驿邮制度、制瓷技术、造币工艺、用煤知识、风俗民情等，为欧洲人打开了了解中国的窗口。1375年亚伯拉罕·克里斯奎斯绘制的《加秦罗尼亚地图集》，就参照了这部游记中有关亚洲的资料；欧洲最早的一批中国学学者都从《马可·波罗游记》中获得滋养；欧洲的冒险家和航海家更对《马可·波罗游记》中关于东方的黄金珠宝、财富的描述产生了极大的热情。

《马可·波罗游记》是西方认识中国历程中里程碑式的著作，"为西方人对完全是另一个世界的含混、笼统的了解提供了一线光芒"。马可·波罗的时代正是欧洲文艺复兴的前夜，而《马可·波罗游记》也是在文艺复兴中才大放异彩的。意大利是欧洲近代文化的"长子"，它所倡导的文艺复兴在本质上是对世界的发现和对人的发现。《马可·波罗游记》的传播和接受，它的影响史正是欧洲文艺复兴时期的"社会集体想象物"。《马可·波罗游记》成了一种意大利所梦幻的新生活的象征，成了一切世俗追求的理想王国。[①]

需要说明的是，对《马可·波罗游记》的质疑也一直存在着。西方许多人并不相信这是马可·波罗所记，甚至有人怀疑马可·波

[①] 参见张西平：《〈马可·波罗游记〉与中国文化的西传》，《对外传播》2011年第4期。

罗曾到过中国。

座椅上的旅行家

马可·波罗之后，西方来华旅行家还有拉施特、白图泰、康悌等人。拉施特出生于波斯，他用波斯文写成了史学巨著《史记汇编》，详细记载了蒙古的兴盛，并有专门的章节介绍中国。尤其难能可贵的是，他认为汉字是一种"表意"而不是"标音"文字，汉字体系是一种与西方文字不同的文字体系。白图泰的《伊本·白图泰游记》，记录了他28年旅行生涯中积累的世界见闻。书中论及中国瓷器、礼俗、钱币等内容，尤其对中国人高超的技巧表示了惊叹。他在书中写道："中国人是各民族中手艺最高明和富有艺术才华的人民。""至于绘画，中国人在这方面的才能是非凡的，世界上没有一个民族——不管是基督徒或非基督徒——能与之相比。"

这里还必须略作介绍的是1350年完成的《曼德维尔游记》。

《曼德维尔游记》是英国绅士曼德维尔的虚构之作。他游历最远的地方也不出法国，但他综合了那个时代所有关于东方的传说与事实，写出《曼德维尔游记》这样一部想象之作。曼德维尔因此被人称作"座椅上的旅行家"。

《曼德维尔游记》一书塑造的美丽富饶的中国（契丹）形象在中世纪欧洲流传很广，现存的早期版本、手稿有300余种，涉及法语、英语、拉丁语、德语、荷兰语、丹麦语等众多语种。书中的中国形象既是创作者曼德维尔想象中国的结晶，也是其他欧洲人幻想中国的材料。这一形象既是当时西方社会对中国总体想象的产物，也是曼德维尔个人通过一些书本经验而塑造的异域形象。《曼德维尔游记》一书对后世的影响很大，像莎士比亚、伏尔泰、马克思等都曾是它的读者,它曾被航海家哥伦布作为环球旅行可行性的证据。人们普遍认为,这本书当时在欧洲的影响不亚于《马可·波罗游记》。

三 传教士来华与18世纪欧洲"中国热"

西方历史上曾有过约一个世纪的"中国热",那就是17世纪末到18世纪末。现在人们一般称为"18世纪欧洲'中国热'"。此时,中国许多艺术及文化生活方式为欧洲人广泛接受。

"中国热"在英国的一个典型事件

被誉为近几十年"欧美研究中国史的奇才"的史景迁在他的力作《大汗之国——西方眼中的中国》①一书中,叙述了下面这个典型事件:

到了17世纪末期,中国风格的事物影响力之大,自一幕莎翁《仲夏夜之梦》的舞台演出可以看出:

舞台上一片漆黑,有人在上面独舞。接着交响乐响起,突然间灯光大亮,舞台上清楚出现一个中国花园,有建筑、树木、植物、水果、飞鸟、走兽,与我们日常见到的花园大不相同。花园尽头是个拱门,从其中看进去,还有其他拱门、树荫、成排树木,直至尽

---

① 史景迁:《大汗之国——西方眼中的中国》,广西师范大学出版社2013年版,第88—89页。

头。在这个花园上面,是一个悬空花园,由架子撑着连到屋子顶端,花园两边都有可爱的凉亭及各式树木。空中有珍奇的小鸟飞舞,舞台顶端是一喷泉,水流淙淙,流入大池子里。

在这如画的景色里,中国恋人唱着普赛尔(Purcell)优美的二重唱,六只猴子从树林中现身跳舞,舞台上此时进入最高潮:

六个中国风味的基座从舞台下升起,上面放着六个巨大的瓷盆,中间种着六棵中国橘子树……基座朝着舞台前方移动,二十四个人开始跳起优美的舞蹈来。此时海门(Hymen)现身台上,设法撮合奥布朗(Oberon)和提泰妮娅(Titania),并结合了中国恋人。众人齐歌五重唱,歌剧至此告一段落。

《仲夏夜之梦》创作于1595年,是莎士比亚早期代表作之一,是一部充满幻想和浪漫色彩的抒情喜剧,是莎士比亚最富诗意和想象的剧作之一。剧作的故事发生在古希腊神话传说中威修斯统治雅典时期,讲述了由"魔汁"引起的冲突及冲突被解决、有情人终成眷属的故事。整个剧作本来与中国毫不沾边,但该剧产生一个世纪后,英国人在"中国热"悄然兴起之时,却大胆地融进了非常丰富的"中国元素"。

这个典型事件,我们可以将其视为17世纪末到18世纪末欧洲百年"中国热"的开幕式。此后,"中国"就成了欧洲一百年历史舞台上的重要角色。

欧洲"中国热"的其他表现

中国园林艺术被广泛运用。德国萨克森公国曾在德累斯顿附近的易北河畔盖了一座皮尔尼茨宫,其中的水宫即按中国建筑风格建造。卡塞尔一位叫威廉·索赫的伯爵在一条叫吴江的小溪旁建了个木兰村，挤牛奶的黑人穿着中国服装，俨然一个江南园林。波茨坦的茶亭和慕尼黑的木塔是更有名的中国作品。英国皇家建筑师威廉·钱伯斯曾出版了《中国建筑、家具、衣饰、器物图案》和《东方园艺》两部著作，后者是西方有关中国园林艺术的经典之作。该书这样赞美中国园林艺术："中国人设计的园林艺术实在是无与伦比的。欧洲人在艺术方面无法与东方的灿烂成就相媲美，只能像对太阳那样尽量吸收它的光辉而已。""中国庭园以自然为模范，主张一切美来自自然，模仿自然中的无秩序。"因此他主张"我们的庭园通常只与原野相似，完全近乎自然的摹写"。为实践自己的主张，他在伦敦郊区自己设计了一座"丘园"，园中建了一座高高的中国塔。受此种风尚的影响，作家爱迪生、诗人蒲伯等也都建造了中国式花园。西方许多园林艺术家对中国园林飞檐翘角的亭榭，高耸的层塔，富有情趣的石桥、假山、钟楼以及蜿蜒的小径等都非常欣赏，并为蜿蜒小径创造了一个新的名词——"蛇形曲线"。德国戏剧家席勒也非常欣赏这种"蛇形曲线"。

　　洛可可风尚融入"中国风尚"。洛可可风尚发轫于路易十四晚期，流行于路易十五时代，是在巴洛克基础上发展起来的。欧洲的艺术风格在文艺复兴后形成了两个中心，一个是古典主义流派，一个是巴洛克风尚。巴洛克的粗犷、华丽、动感、夸张、俏皮、嘲讽、戏剧性等，到18世纪后期发展为洛可可——纤巧、精美、浮华、繁琐，又称"路易十五式"。由于当时法国是欧洲艺术的中心，所以洛可可风尚的影响也遍及欧洲各国。洛可可风尚在法国主要表现在绘画方面，在德国主要表现在建筑方面。位于德国波茨坦市北郊的无忧宫，是洛可可建筑的代表作，1990年联合国教科文组织将无忧宫宫殿建筑与其宽广的公园列为世界文化遗产。洛可可风尚在形成过程中受到中国艺术的影响，特别是庭园的室内设计渗入了较多的中国风尚，如家具曲线设计（三弯腿、弧形扶手与靠背）以及上漆、涂绘、镀金，广泛使用丝织品、瓷器、漆器等。法国国王路易十四曾命令创办中国公司，到广东订制中国瓷器，凡尔赛宫辟专室储藏。路易十五曾经下令餐具一律用瓷器替代银器，他的情人蓬巴杜夫人还创立了皇家赛夫勒瓷器厂。大戏剧家莫里哀也是中国瓷器的"粉丝"。一时间，瓷器成了炙手可热的收藏品，皇帝王公贵族竞相购买，俄国彼得大帝和普鲁士国王腓特烈大帝也不例外。据统计，1602年至1682年的80年间（中国明末清初），荷兰东印度公司向欧洲各国输入的中国瓷器达1600万件，瓷器已经从上层社会走进普通家庭。此时，中国的漆器、轿子、折扇等也为欧洲人喜爱。1700年初，路易十四在新世纪庆典上，穿着中国的服装，坐着由八个人提着（轿子在欧洲多是提着，不是抬着）的大轿子入场。

在洛可可风尚中，法国枫丹白露宫、凡尔赛宫，斯德哥尔摩的夏宫，茵斯布鲁克的宫堡，维也纳的美泉宫，慕尼黑的纽芬堡王宫，马德里的阿兰霍埃斯离宫等，都设有中国馆或中国室。

中国水墨画受到一些画家的青睐。法国的瓦托（1684—1721）和博歇（1703—1770）是洛可可风格的主要代表，倾向于淡雅、柔美的审美情趣，对中国的水墨画情有独钟，有人评价瓦托"深得中国六法"。他和博歇是师生，常常共同创作中国题材作品。他们的一些装饰性的作品，如沙发和座椅的靠背、壁毯、陶瓷制品和屏风等，多具中国水墨特色。英国也有一批水彩画家受到中国画的影响，如柯仁和他的学生特涅等。

传教士催生"中国热"

但这次欧洲的"中国热"并不是突然"烧"起来的,而是经过马可·波罗们到利玛窦们几百年的艰苦努力,中国文化逐步西传后的自然结果。

最早比较系统地向西方传播中华文化的人,是16世纪到18世纪入华传教的耶稣会传教士。他们在宣传基督教义和西方科技的同时,也努力学习中国的文化,并把中国文化传播到欧洲。据记载,1794年法国传教士白晋回国时,赠送给路易十四国王的中国图书有300册;传教士马若瑟为法国皇家文库收集了几千卷中国图书。传教士的文化传播,催生了欧洲18世纪的"中国热",对欧洲社会产生了巨大的影响。

16世纪西方宗教改革后,整个欧洲分裂为天主教和新教两大相互对立的阵营。在困难之中,罗马天主教教会企图通过扩展海外传教事业来重振教会,耶稣会应运而生。1534年,西班牙人圣依纳爵·罗耀拉以重振罗马天主教为目的在巴黎创建耶稣会。耶稣会有非常严格的入会要求,要求入会者有丰富的知识和灵性。所以,大多数耶稣会士都博学多才,具有神学、医学、哲学、天文、物理等许多领域的知识。

16世纪至18世纪之间,来华耶稣会士主要有两批,第一批是16世纪到17世纪末入华,来自意大利、比利时、德国等;第二批是17世纪末以后入华,来自法国,前后100多人。著名的有罗明坚、利玛窦、金尼阁、卫匡国、柏应理、洪若翰、白晋、刘应、张诚、李明、巴多明、雷孝思、马若瑟、冯秉正、宋君荣、孙璋、钱德明、韩国英等,而以利玛窦、卫匡国、冯秉正影响最大。

传教士的著作涉及方方面面，主要著（译）作有《中华大帝国史》（门多萨，1585）、《中国指南》（科布，1589）、《明心宝鉴》（范立本著，高母羡译，16世纪末）、《中国札记》（利玛窦，1609）、《中国通史》（曾德昭，1638）、《中国新地图志》（卫匡国，1655）、《中国先秦史》（卫匡国，1658）、《康熙皇帝传》（白晋，1679）、《西文四书直解》（汉文名《中国贤哲孔子》，柏应理，1687）、《中国现状新志》（李明，1696）、《中国通史》（冯秉正，1730）、《中华帝国全志》（杜赫德，1735）、《赵氏孤儿》（马若瑟，1735）、《大唐史纲》（宋君荣，1749）、《中国音乐古今记》（钱德明，1776）、《孔子传》（钱德明，1784）、《关于中国之记录》（韩国英，18世纪末）。

第一部百科全书式的传播著作

门多萨是西班牙籍历史学家，奥斯定会的修士。他的著述《中华大帝国史》先于耶稣会士产生。

1580年，门多萨随西班牙国王派遣的使团出使中国，但该使团半途而废，门多萨于1583年返回罗马，并拜见了教皇乔治十三。当时，天主教极想扩大在东方的影响，但对中国的历史了解甚少。受教皇委托，门多萨广泛搜集资料，整理以往欧洲来华传教士的文件、信札、报告，以及各类翻译成西文的中国书籍，耗时两年，于1585年用西班牙文编成《中华大帝国史》一书。至16世纪末，这部著作以7种不同的欧洲文字重印46次。

《中华大帝国史》是西方第一部百科全书式的传播中华文化的著作，内容极为丰富。全书共分三部：第一部对中国的地理风物、人伦制度、文化思想、军事武装等方面进行了完整的描述，是全书的核心。第二部叙述了菲律宾的西班牙教团三次前往中国传教的经历。第三部汇编了一些门多萨认为有价值的有关中国的零散信息。

同西方以往有关中国的书籍相比,《中华大帝国史》除了介绍中国的地理、政治、经济、军事等以外,在许多方面都更深地进入了中国文化。如该书比较详细地介绍了中国人的偶像崇拜、算卜、生死报应观、人类起源观、世界起源观以及宇宙、祭祀、丧事和喜事的办理仪式及程序等,书中写道:他们把占卜当作非常确实和必然的事,特别相信一种算卦,在各个时候都使用,如娶媳嫁女、借债买地、出门游历,乃至其他结果不明或疑惑的事,他们在干所有这些事时都要算卦。门多萨认识到了汉字的象形特征,书中说:"它是一种书面比口语更容易理解的语言,因为每个不同的字表示的含义肯定不同。令人惊奇地看到,该国人们说各不相同的语言,可是总的说他们通过文字相互理解,用口语则不成。原因在于,一个图形或字,对他们来说都表示一件事物。"[1] 对于中国的书院、学校、考试方式、庆贺仪式等也都有细致的介绍。说到中国的饮食,书中写道:"尽他们所能,他们使自己获得肉体的满足,纵情于游乐,他们由此过着美好的生活……哪怕他们有100位客人,他们仍然习惯让每位就坐到自己的一张桌子进餐……桌子中央整齐地摆着食物,有各种肉食,鸡和鱼,他们用这些做出烧煮得很好的肉汤,盛在奇特的精美的陶盘中,也用银盘(尽管除了总督外很少使用)。他们不需要桌布和餐巾,因为他们很雅致地进食,以致不能用手接触食物,而是用金或银制的小叉子,很清洁地吃,哪怕他们吃的东西再小,也不让它掉下。他们常饮酒,但一次饮一点,因此

---

[1] 门多萨:《中华大帝国史》,中华书局1998年版,第112页。

他们用很小的杯子。"

《中华大帝国史》包罗了中国社会的各个方面，满足了欧洲人迫切了解中国的愿望，受到了欧洲人的普遍青睐，在欧洲产生了极大的影响。法国著名作家蒙田在他的随笔中曾论及中国，依据的材料就是《中华大帝国史》。他在55岁时读到该书，接受了中国具有古老历史的思想，他说："在中国，在这个很少与我们交往，我们并不了解的王国里，它的政府体制和艺术在一些杰出的领域内超越了我们，它的历史告诉我，世界之大、之丰富是我们的祖先和我们自己所无法深刻了解的。"法国启蒙思想家、西方国家学说和法学理论的奠基人孟德斯鸠的藏书目录中也有该书条目。

第一位全面而深刻地介绍中国文化的西方人

利玛窦是在东西方均享有盛誉的文化名人，他在中华文化西传历史上也是一个非常响亮的名字。

教宗若望·保禄二世这样评价利玛窦："利玛窦神父最大的贡献是在'文化交融'的领域上。他以中文精编了一套天主教神学和礼仪术语，使中国人得以认识耶稣基督，让福音喜讯与教会能在中国文化里降生。由于利玛窦神父如此道地的'做中国人中间的中国人'，使他成为大'汉学家'，这是从文化和精神上最深邃的意义来说的，因为他在自己身上把司铎与学者，天主教徒与东方学家，意大利人和中国人的身份，令人惊叹地融合在一起。"①

日本作家平川佑弘称利玛窦是"人类历史上第一位集欧洲文艺

---

① 罗光主编：《纪念利玛窦来华四百周年中西文化交流国际学术会议研究论文集》，辅仁大学出版社1983年版。

复兴时期的诸种学艺和中国四书五经等古典学问于一身的巨人"，是"地球上出现的第一位'世界公民'"。

利玛窦 1552 年 10 月 6 日出生于意大利马尔凯省，1561 年入耶稣会办的小学，1568 年到罗马耶稣会日耳曼公学学习数学和天文学等知识，1571 年进圣安德烈备修院修炼一年，1572 年入罗马公学接受系统的神学教育。1577 年 6 月到葡萄牙的科英布拉学院学习。1578 年 3 月，受耶稣会总会长派遣，利玛窦同孟三德、罗明坚从葡萄牙里斯本出发，前往印度果阿由耶稣会士沙忽略创办的修道院继续攻读神学，同时学习钟表、机械、印刷技术、人文等课程。1581 年，利玛窦被授予神父职。

1582 年 4 月 15 日，利玛窦奉新任耶稣会东印度传教团巡视员范安礼之命前往澳门。同年 8 月 7 日，利玛窦抵达澳门。这是利玛窦第一次踏上中国的土地。他在那里同罗明坚、巴范济等人一起学习汉语，做前往中国内地传教的准备。利玛窦在学习汉语的初期，就开始用比较的方法总结汉语的特点。经过一段时间的苦学，他们很快就掌握了中国的语言文字，并能读懂中文著作，甚至能用中文进行写作。1583 年，利玛窦和罗明坚前往广州，此后他逐步进入中国内地。

1593 年利玛窦将中国传统经典著作《四书》翻译成拉丁文，并略加注释。这是第一本《四书》的西文译本（此前高母羡用西班牙语翻译的范立本《明心宝鉴》是现存最早的一部西译本中国文献，现藏西班牙国家图书馆）。

1595 年利玛窦出版了第一部中文著作《交友论》。1601 年 1 月 24 日利玛窦作为欧洲使节进入紫禁城，得到了朝廷的俸禄，直到逝世。

从 1602 年到 1605 年，利玛窦出版了第三版中文世界地图《两仪玄览图》和天主教著作《天主实义》《天主教要》和《二十五言》。1607 年利玛窦与朋友徐光启合作，完成了欧几里得《几何原本》的前六回翻译。1608 年开始编纂《基督教远征中国史》。1609 年 9 月开始用意大利文写作日记体著作《中国札记》。1610 年 5 月 11 日病逝于北京，赐葬于平则门外的二里沟。他是中国历史上第一个被皇帝允许安葬北京的传教士（此前，客死中国的传教士必须迁到澳门神学院墓地安葬）。

1614 年，比利时人金尼阁神甫将《中国札记》手稿带往罗马，并于归途中把它译成拉丁文，1615 年在德国奥格斯堡出版，封面题字为"耶稣会利玛窦神甫的基督教远征中国史"。

金尼阁在翻译《中国札记》时，改变了原书的日记体，将其加工编撰成更有系统的中国介绍。全书共分五卷：第一卷全面介绍明代中国各方面的情况，包括地理、物产、风土人情；第二卷叙述耶稣会士早期传教的经过与困难；第三卷记载耶稣会在韶州、南京和南昌开教的经过；第四卷主要记述利玛窦两次上北京的经过；第五卷着重叙述利玛窦到北京以后的情况。这本书在欧洲被译成各种文字。

《中国札记》从不同的侧面对明末中国社会作了详尽的介绍，包括经济、政治、文化、宗教、社会习俗等方面，尤其是它用了相当大的篇幅对中国传统哲学进行了分析、评价。再加上先前译注的《四书》等作品，利玛窦可谓第一位将中国文化向西方作全面而深刻介绍的西方人。

与此前所有介绍中国的西方人相比，可以清晰地看到——

利玛窦第一个实证了"契丹"或"震旦"是中国的别称以及

"丝绸之国"就是中国,马可·波罗笔下的中国得到了确认。他说:"由于这个国家东西以及南北都有广大的领域,可以放心地断言:世界上没有别的地方在一个单独的国家范围内可以发现有这么多品种的动植物。""我甚至愿意冒昧地说,实际上凡在欧洲生长的一切都照样可以在中国找到。即使不能,所缺的东西也有大量其他为欧洲人闻所未闻的产品来代替。"①

利玛窦第一个高度评价了孔子,他说:"中国哲学家最有名的是孔子。这位博学的伟大人物诞生于基督纪元前551年,享年70余岁。他既以著作和授徒也以自己的身教来激励他的人民追求道德",他"可以与异教哲学家相媲美"。②

利玛窦第一个认识到中国政教合一的政治文化特点。他强调"四书五经"是"为国家未来的美好和发展而集道德教诫之大成"的书,"主要着眼于个人、家庭及整个国家的道德行为,而在人类理性的光芒下对正当的道德活动加以指导"。他意识到孔孟思想在中国具有极高的地位,"虽然不能说,在中国宗教家就是国王,但可以说国王是受哲学家牵制的"。

利玛窦第一个体察到中国文化中与邻相和的特征,因此他说:这样一个几乎具有无数人口和无限幅员的国家,而各种物产又极其丰富,虽然他们有装备精良的陆军和海军,很容易征服邻近的国家,他们的皇上和人民却从未想过要发动侵略战争。他们很满足于自己的生活,没有征服的野心。在这方面,他们和欧洲人很不相同,欧洲人常常不满足于自己的政府,并贪求别人所有的东西。仔细

---

① 《利玛窦中国札记》,中华书局1983年版,第10页。
② 《利玛窦中国札记》,中华书局1983年版,第59页。

研究了中国人长达4000多年的历史,不得不承认,从未见到有这类征服的记载,也没有听说过他们扩张国界。

利玛窦的深远影响

利玛窦的《中国札记》及其他著述所传播的中华文化可谓方方面面,无法一一阐述。所有这些与利玛窦神父这一形象一起,启示着此后的传教士及所有阅读者。

利玛窦多侧面、全方位地为西方社会塑造了一个中国的文化形象,潜移默化地建构了西方社会对于中国的总体想象。这一形象建构过程中受到注视者集体——欧洲的文化语境和被注视者集体——中国的现实文化的双重制约,因此,形象就具有既主观又客观、既真实又理想的双重特征。

西方社会从《马可·波罗游记》中获得的对于中国的总体想象,构成了《利玛窦中国札记》塑造中国形象时无法回避的现实文化语境。尤其是人们对于中国地大物博、美丽富饶的想象,正是欧洲社会对中国狂热向往的原因。因此,利玛窦和金尼阁尽可能满足西方社会群体对中国这一"期待视野",并且更加突出、夸张地表现了这一特征。在写到中国的特产时,说欧洲所有的东西在中国都能找到,并且使用"闻所未闻""奇巧""奢侈"等词汇,把中国描绘成应有尽有的天堂,以此和欧洲相对应,引起全欧人对于中国这个理想国的向往。

欧洲资本主义蓬勃发展,疯狂对外进行各种扩张的社会现实,也构成了《中国札记》建构中国形象时的社会文化语境,制约着《中国札记》在建构中国形象时的立场和视界:处处以欧洲为参照坐标,"我尊他卑""为我所用"的立场显而易见。比如利玛窦在对比中国和西方时得出了"他们与我们的文明相距很远"的总的评价。尤其是在第四卷第七章中谈到利玛窦本人与中国官员李本固的一场辩论时，利玛窦的蔑视充斥字里行间，他用了很多词汇描绘李本固，如"目空一切""轻蔑""骄傲""佯装""力图掩饰自己的无知""大叫大嚷"等，表现了他强烈的文化优越感和欧洲立场。他还认为，中国的房屋建造不如西欧堂皇耐久，中国的图画和手工艺不懂技巧，中国的乐器演奏出的也只是"嘈杂刺耳"之声。即使描绘中国的物产、外交、思想、军事、礼仪等也全是从"为我所用"出发，激发欧洲对中国的兴趣，满足欧洲人对中国的"期待视野"。

但是，《中国札记》力图客观地为欧洲社会提供一个可资现实借鉴的中国形象，他把他从澳门经肇庆、韶州、南昌、南京、北京等地的全部传教过程一一记录下来，凡是见到的中国官员，看到的中国社会政治、军事、文化、风貌等各方面的情况也全部以实录方式给予记述。虽然带有欧洲人的立场，却也基本上描述了中国当时的现实状况，因此，现实性还是非常强的。

利玛窦《中国札记》继马可·波罗之后在中国形象的塑造上给予欧洲很大影响，尤其是后来的启蒙运动时期，西方的学者为了寻求理想国，达到改造社会的目的，他们对中国产生了极大的热情和兴趣，如伏尔泰、卢梭、弥尔顿等在他们的作品中都描绘和研究了中国丰富灿烂的文化和美丽富饶的物产。但是《中国札记》中的中国形象也为后来欧洲各国研究中国，从武力上敢于打开中国闭锁的大门提供了真实的内部信息。中国物产丰富而科技落后，外表强大而海防空虚。中国形象渐渐从欧洲人眼中的"睡狮"变成了一只一触即碎的"大花瓶"，在欧洲殖民者的膨胀贪欲下，紧闭的大门终于被打开。

之后耶稣会士基尔歇所著的《中国图说》、多明我会传教士闵明我所著的《中华帝国纵览》，都沿着利玛窦的方向向西方传播中华文化。法国的莱布尼茨和伏尔泰等著名思想家都曾阅读过这些著作，认为这些著作对他们了解中国大有帮助。

1687年，耶稣会士柏应理用拉丁语写成的《中国圣贤孔子》在巴黎出版。作为全面向欧洲介绍儒家思想的重要文献，此书问世后便受到广泛关注，很快被译成法文和英文。该书包括对孔子及其学说的介绍，还有《大学》《中庸》和《论语》的译文。《中国圣贤孔子》是欧洲人了解儒家思想的主要读物，莱布尼茨和孟德斯鸠都曾阅读过该书。

1709年至1713年耶稣会士卫方济用拉丁文出版了《中国典籍六种》，收入《大学》《中庸》《论语》《孟子》《孝经》《小学》，首次将"四书"完整地介绍给欧洲读者，使欧洲读者对儒家思想有了更全面深入的了解。

《易》西传的第一次热潮

《易》何时传入西方，有许多争论，现在人们一般认为是在17世纪至18世纪。也有资料显示，在近代以前，甚至古希腊时期，《易》就已经传入西方。1987年12月27日至1988年1月5日在美国洛杉矶举行的"易经考古学研讨会"上，主办方展出了和《易》直接相关的500件古物，其中与《易》西传历史有关的是一件希腊出土的3200年前的陶盆，上刻很多古希腊人物和《易》中符号的图画，盆底用中国殷代文字刻有"连山八卦图，中国之历数，在遥远之东方"。这一件古物，证明了中华文化或中国的"易"学，早在3200多年前便已由中国西北传入西方的希腊，要比英国《大众数学》一书中"中国上古传下来的洛书，在2400年前便已传入希腊"之说还早了1000年。[①]

但西方真正对《易》有较深刻的认知，还是18世纪的事。

16世纪以后，传教士在介绍中国文化时已开始注意《周易》，如门多萨在《中华大帝国史》中提到伏羲，讲到占卜和各类迷信。利玛窦与当时的理学家邹元标通信谈到学《易》一事，但他们都没有真正向西方介绍《易》。

随着传教士对中国文化研究的深入，他们的研究范围不断扩大，终于在18世纪末期形成了研究《易》的热潮。

较早向西方介绍《易》的是曾德昭，他说《易》是一部论述自然哲学的著作，通过一些自然原则来预测未来，测算吉凶祸福，并说这是一部"道德和政治的融合"的书。最早重视《易》的是卫匡国，他提出《易》"是中国第一部科学数学著作"。他像后来许多欧洲汉学家一样被《易》中的六十四卦的变化所吸引。卫匡国的贡献是第一次向西方指出了伏羲是《易》最早的作者，并初步介绍了《易》的基本内容。

对《易》研究最为深入的是白晋。白晋是法国神父，是法王路易十四最早派往中国的六位神父之一，入华以后他很快取得了康熙帝的信任，在宫中为康熙讲授几何学。白晋在宫中熟读中国典籍。康熙说："在中国之众西洋人，并无一通中国文理者，唯白晋一人稍知中国书义。"白晋在介绍《易》时非常用力，写了不少关于

[①] 参见杨宏声：《易学西传探微》，《上海社会科学院学术季刊》，1993年第3期。

《易》的著作，现藏于梵蒂冈图书馆的就有《读易经》《易引易考》、《太极略说》《释先天未变始终之数由天尊地卑图而生》《易学外篇原稿》、《易学外篇》、《易学总说》《易经总说集》《易稿》《易钥》《易钥自序》《周易原羲内篇》《周易旨探目录理数内外二篇》。

翻译《易》的有刘应，他被称为"昔日居留中国耶稣会士中之最完备的汉学家"，他的译著《易》发表于波蒂埃《东方圣经》第一册；还有雷孝思，出版两卷本《易经——中国最古之书》，这是《易》的第一部西文全译本，"首次为西方完整地了解和研究《易经》提供了较充分的原始资料，同时也为以后用各种现代欧洲语言翻译《易经》，提供了可以参考和借鉴的样本"①。

欧洲知识界对中国"完全入迷了"

传教士为了更方便地在中国传教，也为了在西方产生更大的影响，以重振天主教的地位，前赴后继一代一代地大量译介儒家经典，同时还对中国的政治制度、科举考试制度等作了详细介绍，这也在客观上不仅向西方有层次、有系统地介绍、传播了中华文化，而且大大方便了当时的欧洲社会对中国的了解、认知与接受，从而催生了18世纪欧洲的"中国热"。美国学者斯塔夫里阿诺斯说："当时，欧洲知识分子正被有关传说中的遥远的中国文明的许多详细的报道所强烈地吸引着。他们得知中国的历史、艺术、哲学和政治后，完全入迷了。中国由于其儒家的伦理体系、为政府部门选拔

---

① 杨宏声：《本土与域外——超越的周易文化》，上海社会科学出版社1995年版，第188页。

人才的科举制度、对学问而不是军事才能的尊重以及精美的手工艺品——瓷器、丝绸和漆器等,开始被推崇为模范的文明。例如,伏尔泰用一幅孔子的画像装饰其书斋的墙。"[1] 美国学者顾立雅也说:"众所周知,哲学的启蒙运动开始时,孔子已经成为欧洲的名人。一大批哲学家包括莱布尼茨、沃尔夫、伏尔泰,以及一些政治家和文人,都用孔子的名字和思想来推动他们的主张,而在此进程中他们本人亦受到了教育和影响。""在欧洲,在以法国大革命为背景的民主理想的发展中,孔子哲学起了相当重要的作用。"[2]

回顾传教士入华史,最后不得不再次提到利玛窦。传教士能够在中国产生很大的影响,很大程度上得益于意大利传教士利玛窦,是他首创了一套适合中国国情的传教法:习汉语,穿儒服,广交天下名士,努力研习中华文化,真正成为"中国人中间的中国人"。同时,他又有意淡化基督教教义的排他性,将中国"仁爱"文化所特有的谦让、忠恕、温良等注入其中,允许入教的中国人继续按古礼祭祖祭孔。利玛窦的做法在当时受到了天主教正统派的强烈反对。于是在教会中发生了一场持续百余年的笔战——中国礼仪是否符合天主教义——"礼仪之争"。由于这次"礼仪之争"的论战双方都在欧洲发表了无以计数的文章,也使得中华文化在欧洲得以更广泛地传播。

尤其值得提及的是,作为"礼仪"的肯定者与坚持者,耶稣会士为了证明中华帝国值得他们在礼仪方面做出让步,所以无论是儒

---

[1] 斯塔夫里阿诺斯:《全球通史:从史前史到21世纪》下册,北京大学出版社2006年第2版,第468—469页。

[2]《北京日报》2007年8月13日。

家经典翻译，还是其他著述，都尽可能将中华文化中一切有价值的东西纳入"仁政德治"的儒家的理想中加以渲染，使中华文化的正面意义最大化。相反，以多明我会为主体的"礼仪"的否定者，则尽可能渲染中国社会的落后，如食人、溺婴、纳妾、迷信、廷杖、横征暴敛等。尽管争论双方为了实现自己的目的，多数情况都有意夸大其词，但如果将两者综合，还是能大致反映中华文化的基本面貌。

四 儒家思想与西方启蒙运动

1987年11月中国国家主席李先念访问法国时，时任法国总理希拉克在欢迎词中说：启蒙思想家"在中国看到了一个理性、和谐的世界，这个世界听命于自然法则且又体现了宇宙之大秩序。他们从这种对世界的看法中汲取了很多思想，通过启蒙运动的宣传，这些思想导致了法国大革命"。

启蒙运动借力儒家思想

这不是希拉克有意夸张，而是事实。中华文化广泛而深刻地被法国甚至整个西方认可与借鉴的时期，就是西方启蒙运动时期。

因为法国是启蒙运动的中心，所以此次中华文化对法国的影响，实际上也可以说是对整个欧洲的影响。

18世纪的法国是一个君主政体的封建国家，封建专制和天主教控制着国家的社会生活和人民的思想。但此时，资产阶级日益壮大，强烈要求冲破旧制度在政治、经济、思想方面的束缚，首先在思想领域展开了反对封建专制统治和教会思想束缚的斗争,由此掀起了一场轰轰烈烈的思想解放运动,这就是"启蒙运动"。

"启蒙"是"光明"的意思,"启蒙运动"就是"光明运动"。启蒙思想家认为,人类一直处于黑暗之中,应该用理性之光驱散黑暗,把人们引向光明。但黑暗的力量异常强大,要真正实现"启蒙"困难重重。恰好在这时,传教士向西方输来的中华文化,给启蒙思想家以极大的启示。于是,他们借中国文化来表达自己的思想。

中国文化首先给西方以强大冲击的是它以非基督文化存在形态的真实存在。中国人来自哪里?他们为什么不信上帝?他们是不是上帝的子民?为了证明中国人与西方人都是上帝创生,传教士们还从汉字中寻找证据。他们把"船"字拆为"舟""八""口"三部分,认为"船"字表达的就是诺亚方舟上逃难的八个人;把"婪"字拆为"林"和"女",说"婪"字就是陈说伊甸园夏娃偷吃禁果的事。他们还说,诺亚的子孙漂流到了东方,繁衍了中国人。白种人之所以变成黄种人,是犯弑兄罪而被上帝罚为黑人的该隐与白人的结合所致。这些当然都是荒唐之言。但无论给出什么样的结论,对这些问题探讨的本身,就是对中华文化存在的一种认同。从对马可·波罗时代的将信将疑,到对利玛窦时代的不得不相信,再到启蒙时代探讨中华文化之源,这在西方确实是一种进步——思想家们认识到了欧洲以外的文化的价值,认识到了非基督教文化的价值,从而给"欧洲文化中心论"带来了冲击。启蒙运动最大的思想家伏尔泰,正是借助中国文化这种"他者文化"(重血缘宗亲、讲孝道的礼俗,以及仁政德治、科举取士等)给欧洲以深远的影响和深长的启示。

而儒家文化，在传教士那种具有强烈宗教意识的观察、认知视角中，变成了一种"敬天秉公"的"儒教"。所谓"秉公"，就是讲道德、守法律。这种"敬天秉公"的儒教精神，与自 17 世纪末在法国悄然兴起的自然宗教十分契合。自然神论者认为上帝创造了世界之后，就不再干预人间的事务，而听任万物按自然法则行事，儒教正与此相符。在自然神论者的眼中，儒教不仅证明了自然神论的古老性、普遍性，而且还以其简单、崇高的祭天礼仪，注重道德、讲宽容、讲公正的理性教义，给人们提供了理性的示范。如启蒙作家狄德罗、爱尔维修、霍尔巴赫等，都高度赞赏儒家学说的这种理性特征。

最重视中国文化的启蒙思想家——伏尔泰

伏尔泰（1694—1778）原名弗朗索瓦-马利·阿鲁埃，伏尔泰是他的笔名。他是法国启蒙运动的旗手和精神领袖，文学家、哲学家、史学家，被誉为"法兰西思想之王""法兰西最优秀的诗人""欧洲的良心"。

伏尔泰是最重视中国文化的启蒙思想家。他把欧洲人发现中国文明比作达·伽马和哥伦布发现好望角和美洲大陆。他说："当高卢、日耳曼、英吉利以及整个北欧沉沦于最野蛮的偶像崇拜之中时，庞大的中华帝国的政府各部正培养良俗美德，制定法律，由于它是世界上最古老的民族，它在伦理道德和治国理政方面，堪称首屈一指。"[①] 伏尔泰认为中国在政治、文化、伦理道德、宗教等方面都优于西方国家，是西方的楷模。所以，不论在他的哲学著作

---

① 伏尔泰：《路易十四时代》，商务印书馆 1982 年版，第 594 页。

(《哲学辞典》)、历史著作(《论民族的精神与风尚》,简称《论风尚》),还是在文学作品(《巴比伦公主》)中,都把中国置于首位,他认为人类的历史是以中国为开端,人类的文明、科学和科技也是随着中国的发展而发展起来的,以此来批判西方人认为《圣经》历史是人类唯一历史的荒谬。伏尔泰一生中曾在近80部作品(包括悲剧、小说、诗歌、政治作品及史学作品)、200余封书信中论及中国,而在这其中出现频率最高的词汇是"孔子"和"儒学"。他曾在《百科全书》中的孔子像下题诗颂扬:

> 他是纯理性底健康的阐释者
> 不炫骇俗,而启迪人类的智慧
> 他说话,只显得是智者,而不是先知
> 然而人们相信他,在本国也还如此

伏尔泰所处的时代,正是法国王朝盛极而衰的时代。路易十四统治法国达70余年(1643—1715),使法国封建政权的专制独裁发展到了空前的高度,扬言"朕即国家""朕即法律",国家的一切大事都得按照国王这个绝对权威的意志去办,任何人不能发表异议和反对。路易十五时期,政治更加黑暗,伏尔泰曾两次入牢。在伏尔泰看来,封建专制的法国是一个黑白颠倒的社会,他说:"罪恶当成幸福,卑劣受到奖励,无能得到表扬,财富博得崇拜,抢劫受人庇护,放荡被人尊敬;而天才遭到失意,德行被人忽视,真理受禁斥,伟大的灵魂遭到打击,正义遭人践踏。"无论是从自身遭遇出发,还是从国家的命运出发,伏尔泰都有着推翻专制政府的强烈愿望。作为思想家,他在对比中发现了中国,发现了中国的"仁爱"文化是可以用来启发民众起来革命的。伏尔泰在《论风尚》

中这样赞美中国文化：欧洲的贵族和商人在东方所有的发现，只知道追求财富，而哲学家在那里发现了一个新的道德的与正直的世界。他把中国和整个欧洲国家作了比较后说："中国遵循最纯洁的道德教训时，欧洲正陷于谬误和腐化堕落之中。"①在伏尔泰的心目中，中国最纯洁的道德就是"后辈对长辈的尊敬"，"孝道是中国政府的统治基础……中国的文职大官被视为城市和省的父母官，而国王则是帝国的君父。这种思想在人们的心目中根深蒂固，从而把这个广袤无垠的国家组成为一个家庭"。伏尔泰称赞中国："当我们还是三五成群流浪于阿登森林之中时，他们幅员辽阔、人口众多的帝国已经治理得像一个家庭了。"

伏尔泰还在探究儒家的"恕"道中，认识到孔子所倡导的"己所不欲，勿施于人"极其可贵，以致将孔子的画像挂在礼拜堂里，朝夕膜拜。也正是在将儒教与基督教的对比研究中，伏尔泰认为基督是"全人类中最不容异己的人"。伏尔泰指出："我们所感染的不容异己的热症是如是之深，我们竟在长途旅行中以之散播于中国、安南和日本等地……作为对于各地人民给予我们的热忱接待的报答，我们一开始便向他们说，'举世皆非，唯吾独是'，我们理应为你们的主宰。"在与中国儒学博大而无所不容、多种宗教教派和平共存的事实比较中，伏尔泰更加痛恨欧洲基督教派别横生，互相仇杀，因而也更加崇敬孔子："他们的孔夫子……既不做神启者，也不做先知；他是传授古代律法的贤明官吏。我们有时不恰当地称之为孔教但他并没有什么宗教，他的宗教就是一切皇帝和大臣的宗教，就是至圣至贤者的宗教。他只以道德谆谆教诲，而不宣传任何

---

① 伏尔泰：《路易十四时代》，商务印书馆1982年版，第597页。

教义和秘典。"

伏尔泰极力主张欧洲人学习儒家思想，认为欧洲特别是法国要学习中国儒家思想。为了更好地借助中国文化实现自己的启蒙目的，伏尔泰将中国元曲（杂剧）《赵氏孤儿》改编成《中国孤儿》。伏尔泰看到了这部剧本中对法国社会和法国戏剧改革的价值，尤其是一批义士身上的道德光辉对当时的法国具有非常重要的启示意义。他想将这种伦理光辉传播给法国人，乃至整个欧洲，让这种伦理光辉照亮人们的心。

《赵氏孤儿》是中国元代纪君祥创作的一部杂剧，全名《冤报冤赵氏孤儿》，又名《赵氏孤儿大报仇》。《赵氏孤儿》属于历史题材，相关的历史事件最早见于《左传》，情节较略；司马迁《史记·赵世家》和刘向《新序》《说苑》有详细记载。

《赵氏孤儿》叙述了春秋时期晋国贵族赵氏被奸臣屠岸贾陷害而遭灭门之祸，上下三百口被满门抄斩，幸存下来的赵氏孤儿赵武长大后为家族复仇的故事。这是一个为了赵氏孤儿的安全，一批义士前赴后继勇于牺牲的故事：

公主（晋灵公的女儿、赵氏孤儿的母亲）把孤儿托付给一位经常出入驸马府的民间医生婴，立即自缢而死，以消除程婴对泄密的担忧。程婴把赵氏孤儿藏在药箱里带出宫外，被守门将军韩厥搜出，但韩厥同情赵家，让程婴把孤儿带出宫外后，拔剑自刎。屠岸贾得知赵氏孤儿逃出后，下令杀尽晋国半岁以下、一个月以上的婴儿，违者诛九族。程婴为拯救赵氏孤儿和晋国婴儿，决定献出自己的独子替代赵氏孤儿，请中大夫公孙杵臼抚养赵氏孤儿，并由杵臼告发自己。但杵臼决然以年迈之躯代替程婴承担隐藏赵氏孤儿的罪名，然后撞阶而死。20年后，程婴告诉了赵氏孤儿真相，赵氏孤儿决心杀屠岸贾，最终报仇雪恨。

王国维在《宋元戏曲考》里将《赵氏孤儿》与关汉卿的《窦娥冤》并提："其蹈汤赴火者，仍出于其主人翁之意志，即列之于世界大悲剧中，亦无愧色也。"

这一悲剧的高潮是第三折：程婴扮作告密的角色，向屠岸贾告发公孙杵臼隐匿赵孤。在审讯中，狡诈的屠岸贾让程婴用"中等棍子"行刑。程婴为保孤，先担下告密卖友的恶名，还要亲手拷讯共谋者。更令人惊心动魄的是，屠岸贾当着程婴的面，亲手将假赵孤（真程子）剁三剑。最后公孙杵臼触阶而亡，程婴被屠岸贾当作心腹，假程子（真赵孤）被屠岸贾收为义子。

《赵氏孤儿》塑造了一批舍生取义的人物形象，歌颂了维护正义的献身精神。在元代这个大背景下，这个故事还有它特殊的含义：借古喻今，宣扬反元复赵宋的精神，激发人们反元复赵宋的斗志。

宋是赵家天下，所以宋朝将曾经为保存赵家血脉而牺牲自我的程婴、杵臼、韩厥奉为忠臣义士中的模范。宋神宗后，程婴、公孙杵臼、韩厥等人被修祠立庙；高宗赵构封程婴为疆济公，封公孙杵臼为通勇忠智侯，封韩厥为忠定义成侯。特别是在宋与金、宋与元的战争中，程婴等人的事迹也被当作反抗民族压迫、激励人们的御敌斗志的历史故事广为流传。辛弃疾在《六州歌头》中写道："君不见，韩献子，晋将军，赵孤存；千载传忠献，两定策，纪元勋。"文天祥在《无锡》一诗中写道："英雄未死心为碎，父老相逢鼻欲辛。夜读程婴存赵事，一回惆怅一沾巾。"据史载，蒙古人对南宋的最终战役崖山海战异常惨烈：丞相陆秀夫背负八岁的幼帝赵昺跳海而死，南宋军队在统帅张世杰（枢密副使）的带领下，上至皇亲

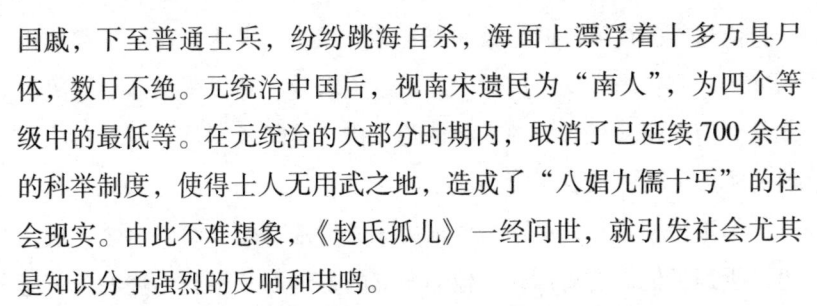

国戚，下至普通士兵，纷纷跳海自杀，海面上漂浮着十多万具尸体，数日不绝。元统治中国后，视南宋遗民为"南人"，为四个等级中的最低等。在元统治的大部分时期内，取消了已延续700余年的科举制度，使得士人无用武之地，造成了"八娼九儒十丐"的社会现实。由此不难想象，《赵氏孤儿》一经问世，就引发社会尤其是知识分子强烈的反响和共鸣。

伏尔泰的改编剧与《赵氏孤儿》原剧相比，具有很大的不同：故事发生时间推后了近2000年，从春秋时代改成了宋元之际；地点也从三晋之地改成了大蒙古汗国统治下的北京；角色全部更换。故事内容如下：

宋末元初时期，成吉思汗攻克了北京，南宋最后一个皇帝死前托孤于大臣张惕。蒙古军队得知这一情报后到处搜寻张惕和南宋遗孤。张惕为了保住王室的后裔，把自己的儿子当作王子，交给蒙古人，让朋友伊丹把王子带到高丽去。伊达美不能接受失去儿子的事实，将儿子救了回来，咒骂丈夫张惕有违父道。成吉思汗得知王子被张惕夫妇藏匿后大怒，决定要将王子擒获，处以极刑。

伊达美是成吉思汗年轻时倾慕的女子，但她拒绝了成吉思汗的表白。当自己的儿子被当作王子捉进宫中后，伊达美亲自到宫廷求情，向成吉思汗说明了真相。成吉思汗决定将无辜的孩子释放，但是张惕始终不肯交代真王子的藏身之地。成吉思汗勃然大怒，决定将伊达美收为宫嫔，伊达美不从。

此时，王子的情况万分危险，逃亡的人走错了路，并没有抵达高丽而是返了回来，他暗中将王子藏在历代君王的陵墓中，王子即将饿死。为拯救王子，张惕劝伊达美牺牲个人节操。伊达美痛骂张惕有悖伦理与人情，准备前往陵墓哺养王子。

伊达美前往陵墓时，被间谍看穿。很快，伊达美和王子都被投入狱中。成吉思汗继续向狱中的伊达美求爱，并以张惕、伊达美的儿子和南宋遗孤三人的性命相威胁，伊达美坚决不从，只希望临刑前见丈夫一面，成吉思汗答应了她。

与张惕相见时，伊达美要求丈夫先将她杀死，然后自杀。成吉思汗听到了他们的对话，为他们缠绵的爱情以及不屈不挠的气节感动。最后，成吉思汗赦免了张惕夫妇，又把大宋遗孤和张惕之子收为义子，并请张惕帮他治理国家。

1755年8月20日，《中国孤儿》一剧在法兰西喜剧院正式公演，一时轰动了巴黎，连续演出190多场，后来成了剧院的长期保留剧目。法国戏剧界评价这一戏剧开创了18世纪法兰西戏剧的新篇章。剧评家普瓦齐内发表在《法兰西水星报》的《就〈中国孤儿〉一剧致一位守旧派的信》中描写了当时演出的盛况，"全国都来了，上演伏尔泰的一出悲剧是件国家大事"，"人家说包厢在一个世纪前就被预定了出去"，剧场楼厅和乐池中挤满了身着各种服饰的平民百姓，而"风流倜傥的公子们抢在五点半赶到剧院，却惊讶地发现已经太迟了；至于地位稍逊一筹的青年则从两点钟起就在与可怜的票房纠缠不休了"。戏剧家狄德罗在他主编的《文学·哲学评论通讯》上说："所有的人都把《孤儿》列入伏尔泰最优秀的剧作中。"

关于《中国孤儿》与《赵氏孤儿》之间的借鉴关系，有许多说法。但有一个基本点是可以肯定的：《中国孤儿》传递了《赵氏孤儿》中的"中国精神"：儒家之"仁义"。

五幕剧《中国孤儿》的内容大体可概括为三个方面："搜孤救孤""中国人与蒙古人的斗争""伊达美的爱情"。"搜孤救孤"方面整体地沿袭了《赵氏孤儿》的主题——歌颂舍生取义的精神。"中国人与蒙古人的斗争"是《赵氏孤儿》写作的现实意义——宣扬反元复赵宋的精神的呈现。这得益于伏尔泰写作前对纪君祥创作《赵氏孤儿》的时代背景和矛盾焦点有深刻的把握,了解元代中国的"宋元斗争",了解南宋儒臣文天祥、张世杰、陆秀夫等不屈不挠的抗元斗争。我们从《中国孤儿》中看到了一种"中国精神"——不屈不挠反抗异族压迫的民族精神。这一方面的内容是伏尔泰创造性的发挥。伏尔泰把张惕作为儒家文化的体现者来塑造,因此面对野蛮的征服者成吉思汗,他说:

你不过是战胜者,你不是我的君主。
我们俩义非君臣,我对你有何臣职!
你尽可断我的头,你不能夺我的志。

"伊达美的爱情"是原主题的间接发展——对儒家"三纲五常"思想的宣扬。伊达美忠于自己的丈夫,拒绝成吉思汗的求婚,并舍身保护大宋遗孤,是"夫为妇纲"与"君为臣纲"在一个女子身上的具体体现。最后,成吉思汗在张惕夫妇的感化下,由最初的野蛮占领者转变为一位崇尚汉民族仁义道德的君王。他恳请张惕留在宫中教习法律:

请用理性、公正和习俗教化百官,
让被征服的民族统治征服者,
以他们的智慧统帅勇气,将国家治理。

伏尔泰所处的时代,是教会统治下的黑暗时代。作为启蒙思想家的伏尔泰，正是要借《中国孤儿》向法国传递儒家倡导的这种"中国精神"，以照亮人们身处的黑暗。

当然，伊达美的爱情，还寄托了伏尔泰的注重个人自然情感的哲学。在《中国孤儿》中，伏尔泰将伊达美置于四种角色——大宋皇帝的臣民、亡国丈夫的妻子、临危孩子的母亲、新朝主子的恋人——的冲突中。这四重冲突，使伊达美在人性与原则、感情与责任的种种矛盾和选择中，升华人格，纯化心灵，从而闪耀着更灿烂的人性光彩，使她成为文明与道德的象征，成为美的典型。人们可以看到，伊达美的身上既有中国妇女的传统美德，更有西方女性自由奔放的气质。她是儒家文化和法国启蒙思想交融的产物，是纪君祥的，也是伏尔泰的；是中国的，也是法国的；是东方的，也是欧洲的。

法国1735年出版杜哈德编著的法文原版《中国通志》第3卷收入马若瑟的译文《赵氏孤儿》后，德、俄、英、美等国都相继出版了《赵氏孤儿》译本。

伏尔泰曾说："《赵氏孤儿》是一部宝贵的大作，它使人了解中国精神，有甚于人们对这个大帝国所曾作和将作的一切陈述。"伏尔泰的这句话有点夸大其词，但从中我们不难理解他选择《赵氏孤儿》进行改编的一个重要原因：它能代表中国文化。

《赵氏孤儿》因为伏尔泰的改编，产生了极大的影响，被认为是迄今为止"中国文学在国际上享有的，如果不是唯一的，也是最大的光荣"[①]。

[①]《从〈赵氏孤儿〉到〈中国孤儿〉》，《中国比较文学》，1987年总第4期。

欧洲"中国热"时期的典型人物——莱布尼茨

莱布尼茨(1646—1716)是德国哲学家、数学家。他是近代理性主义哲学的重要代表人物,1714 年提出"单子论"学说,认为世界上任何事物都是由不可分割的单子组成,数量无限而性质不同的单子构成了世界上千差万别的事物,这为哲学解释自然世界开辟了新路。在数学领域,他和牛顿先后独立发明了微积分,他还发明了二进制,制造出可以演算四则和开方的手摇计算机。他还对物理学有重大贡献,在政治学、法学、伦理学、神学、哲学、历史学、语言学诸多方面都留下了著作。莱布尼茨是历史上少见的通才。普鲁士国王称他"一个人就是一个学院"。哲学家费尔巴哈(1804—1872)称莱布尼茨是"继笛卡尔和斯宾诺莎之后,内容最丰富的哲学家"。马克思说"我是佩服莱布尼茨的",称莱布尼茨"在数学、物理以及与它有密切联系的其他精密科学方面都有所发现"。恩格斯说"莱布尼茨是看出笛卡尔的运动量和落体运动相矛盾的第一个人"。

作为德国启蒙运动的先驱,莱布尼茨的理性主义哲学给当时德国神学和信仰独断以很大冲击。

莱布尼茨从未到过中国,但他是欧洲"中国热"时期的典型人物,是欧洲最早仰慕中国文明的大学者之一。因为莱布尼茨的特殊身份,他对中国的热衷,自然也就对 18 世纪欧洲的"中国热"起到了助推作用。

关于中国文化特别是中国哲学与莱布尼茨的关系,复旦大学张汝伦教授的《莱布尼茨和中国》① 一文讲得非常清楚、透彻，这里节录如下。

莱布尼茨是第一个真正对中国有兴趣，毕生努力要了解中国，并在晚年写了一部关于中国哲学的书的一流西方思想家。德国 Vittorio Kloster-mann 出版社以《莱布尼茨与中国的通信》为题，曾出版了一本包括1689年到1714年间莱布尼茨与在中国传教的耶稣会士及在巴黎的一些教士间相互往来的70封书信的通信集。

1689年，莱布尼茨在罗马遇见了即将回中国的耶稣会传教士闵明我（1639—1712），《莱布尼茨与中国的通信》中的第一封信，就是他在是年写给此人的。莱布尼茨从闵明我那里不仅得到了许多关于中国的信息，而且也由于他的介绍，认识了耶稣会中国传教士的其他一些成员，并与其中一些人如 Fontaney、Visdelou 和 Verjus 通信。正是通过 Verjus 的介绍，莱布尼茨认识了他最重要的通信者白晋（1656—1730），在莱布尼茨看来，认识白晋简直是"命运的安排"。

白晋是法国国王路易十四1685年从科学院选拔的七个派往中国的传教士之一（一说为六人）。他们的任务是作为传教士和科学家前往中国，一面传播西方的宗教和科学，一面也要为法国的利益工作，首先是对中国推行自然科学方面的研究，不断地发回关于中国种种情况的报告，并同欧洲的学者和学术界交换材料。正是肩负这样的使命，他们才得到经济资助，并被称为"国王的数学家"。

白晋是一个狂热的泛基督教主义者。他认为中国文化中有许多

---

① 《中国文化》（第8期），1993年第1期。

和基督教相近或一致的地方。因此，只要教给中国人他们古代文献中已有，但被他们遗忘的东西，他们就会皈依基督教。与当时及后来的许多人不同，他们认为中国文化的本质不在孔子及其儒学，而在比孔子早得多的上古文献中，尤其是在《易经》中。他对《易经》进行了不算浅薄的研究，认为后来注疏《易经》的人实际上失去了《易经》的原意，他要写一部新的注释来恢复失去的原意。他认为《易经》中那些卦爻图像表明其创造人伏羲不仅发现了中文的关键，而且也找到了一切知识的关键。他告诉莱布尼茨：伏羲的这些图像"用非常简单和自然的方式表现了一切科学的原则，但中国人已经不再理解这些图像的原意，他们把这些原意都弄颠倒了"。他相信，通过重新确定这些《易经》卦象的原意，不仅可以重新建立古代中国人真正的哲学原理，重新形成这个民族对真正的上帝原理的理解，而且也可以"重新建立在一切科学中应该遵循的自然方法"。在他看来，古代中国的哲学是普遍的古人——人类祖先的哲学。这些卦象之所以激动人心，是因为它们是这些古人的遗迹，可以使我们看到那些心灵比我们更清澄，理性之光比我们更纯粹的人的创造。《易经》不仅是中国最古老的文字作品，也是世界最古老的文字作品。伏羲的八卦是一种八卦形而上学，或一种把一切事物还原为数、量、衡的量的因素的知识方法。

正因为白晋对《易经》相当熟悉，所以当莱布尼茨在信中向他解释他的二进位制数学时，他真的为莱布尼茨的二进位制数学与他心目中真正的古代中国哲学间的"巨大相似"所激动。他在1701年11月4日给莱布尼茨的信中说，他以前已从某些朋友那里听说过莱布尼茨的二进位制（这些朋友中很可能有闵明我，因为莱布尼茨在1696年12月2日给他的信中曾提过他的二进位制）。莱布尼茨在1701年2月15日的信中又直接向白晋详细描述了他的二进位制数学。白晋特别感兴趣的是莱布尼茨的"数的演算"将数的形成和事物的产生归结为一个共同的数学基础，并用同一个类推来解释二者。《易经》和莱布尼茨的二进位制数学确有惊人的相似之处。

除了二进位制数学外，莱布尼茨的另一个学术兴趣也与中国颇有些关系。这就是他关于普遍字符的猜想。有感于哲学语言的不精确，莱布尼茨想找到一种精确的语言，可以把观念还原为人类思想的字母。这样，人们就可以像解算术或几何题那样，通过演算从前提条件中合理地得出一切。莱布尼茨认为这种普遍字符不是表音字词或表音字母，而是直接表示事物和思想。因此，像化学或天文学符号和中国与埃及的文字只限于表现观念，却不能扩展出去推理或发现知识，因而不适用他心目中的普遍字符，然而，与某些浅薄自大的西方人不同，莱布尼茨并没有因此失去对中文的兴趣。二十年后，当他从白晋那里了解到有关汉字结构的知识后，他毫不犹豫地改变了自己当初的想法。他认为汉字既不同于埃及的象形文字，又不像印欧和闪米特语言那样只标志着词。因此，中文可以用来构造一种普遍字符。白晋在1701年11月4日信中告诉莱布尼茨，他一点也不对莱布尼茨普遍字符的计划吃惊，因为这种书写方式似乎包含了古代象形文字和希伯来神秘主义以及传说是伏羲发明的中国的象形文字的真正思想。伏羲从八卦演化出的中国文字是一种以数为基础的语言系统，这非常类似莱布尼茨要发展一种以数字为基础的语言的企图。莱布尼茨显然接受了白晋的这种看法。他后来告诉白晋，他认为中国字比埃及的象形文字更哲学，更是以诸如数、次序和关系这类理智的考虑为基础。

与西方文字相比，汉字更不是纯粹的符号。汉字的外形结构已清楚地显示出其形式和内容不可分割的有机统一，显示出其强烈的人文特征。它的本质特性恰好是与莱布尼茨以数学符号语言为理想模式的普遍字符的设想针锋相对的。当然，考虑到莱布尼茨只是从别人那里间接地了解中文，他的这种误解是完全可以理解和原谅的。

令人佩服的是，莱布尼茨并不满足或沾沾自喜于在遥远的中国文化中发现的这些类似，相反，他对中国的兴趣如同他的天才那样是百科全书式的。

正是在这里，莱布尼茨表现出一个伟大思想家的恢宏气度和开阔视界。他向白晋提出的有关中国的问题包括社会、政治、历史、天文、地理、语言、技术和工艺等各个方面。他对中国的经验和技术知识特别有兴趣，要求白晋给他描写所有的行业和手工艺品。但白晋基本上没有满足莱布尼茨强烈的求知欲。上述大部分问题他在十年通信中一直没回答。

但莱布尼茨一直到最后还对他抱很大的希望。就在他不再回信后，莱布尼茨又一次给他写了五封信，但都没有回音，莱布尼茨终于失望了。失望之余，他竭力主张编一本中文字典并将其译成西方文字，这样人们可以不经过传教士，自己直接与中国文化接触。

莱布尼茨对于中国这种强烈的、终生的兴趣不是偶发的，而是出于他内心的信念。他认为中国人和欧洲人的才能是彼此互补地发展的。中国在实践哲学，即在伦理学和政治学，道德和礼貌以及和平地共同生活方面优于欧洲，而欧洲则在诸如逻辑、数学这些理论学科和战争技术方面优于中国。但自从传教士派去中国后，欧洲在理论上，即在一切值得称赞的领域都开始落后于中国，这种情况日甚一日。莱布尼茨担心，如果传教士把所有西方知识都交出而没有从中国方面得到回报的话，总有一天中国会不再需要他们，而把所有欧洲人都从那里赶走。

为了避免上述担心成为现实，莱布尼茨不仅竭力主张促进中国和欧洲的文化交流，而且自己也想身体力行。

莱布尼茨在给白晋的一封信中提起，他想把他的二进位制数学献给康熙，以争取这位开明的皇帝。他想象他丰富的知识会给这位君主留下深刻印象，并且相信还可以从他那里得到更多惊人的发现，从而回报以一些"美妙的中国知识"。用二进位制数学系统作为上帝创造世界的一个类似模型，可以使对西方科学有兴趣的中国皇帝接受基督教，并开放同欧洲的文化交流。他还希望在中国建立科学机构，以确保有生气的、持续不断的科学交流。这真是一个浪漫得近乎天真的计划。但要实现这个计划必须通过白晋，只有他才能将莱布尼茨的想法转达给康熙皇帝。

然而，白晋对莱布尼茨这个倾注了满腔热情的计划反应冷淡。

虽然莱布尼茨与白晋的通信以失望告终，但他仍对中国的知识孜孜以求。在晚年，莱布尼茨读了龙华民（1559—1654）写的《宗教论文》和利安当（1602—1669）写的《论中国传教会的一些重要观点》二书。上述二人都是耶稣会在中国的传教士。他们的书引用了大量中国哲学思想的资料。莱布尼茨在读了龙华民和利安当的书后，表示要利用他们书中的中国资料用法文写一部关于中国古代哲学的书。这就是《关于中国人的自然神学的对话》。这部书记录了中国古代经典的概念是如何通过传教士传到欧洲第一流的哲学家那里的。它是研究和评价18世纪早期欧洲对中国哲学与宗教理解不可多得的宝贵材料。它在某种意义上也是莱布尼茨毕生对中国了解的一个总结，人们可以从中对莱布尼茨对中国文化的认识有一个比较清楚的概念。

莱布尼茨把中国看成一个"反欧洲",有时也称它为"东方的欧洲"。他认为,一切别的文化和思想体系无论在神学上还是在地理上,都可以在这两大人类文化和精神的中心间找到其位置。如果他能证明中国人与欧洲人在文化上许多方面对立的两极在神学信仰上都密切相似,那么一切别的宗教传统,不管与基督教多么不同,根据同样的理由,也是可以"改邪归正"的,而这就增加了普遍理解与和平的机会。总之,你必须实际上和我一样,认同我的信仰,咱们才能理解,也才有和平可言。这样,一个在当时几乎所有知识领域都表现出惊人才智的天才人物,不遗余力地试图了解和理解另一种伟大文化,却因此遭到了明显的失败,即使在300年后,仍使人深感遗憾和惋惜。

莱布尼茨是人类的智者,他以当时最大的可能接纳中国文化,但他仍认为中国是一个"奇特国家",中国人的"语言和文字、生活方式、艺术与手工艺,甚至其游戏也与我们格格不入,就像他们来自另一个世界一般"。所以,要真正了解中国,当时欧洲人的思想尚不成熟,他们只是以好奇或迷恋的方式,从中国得到启迪。

莱布尼茨细心地研究了"传教士的'中国'"给欧洲提出的问题。如据耶稣会士的计算,从公元前2952年伏羲统治中国算起,中国的历史时间要比《圣经》的记载长得多。莱布尼茨主张对上古史做深入研究,同时对中国其他领域展开研究,如发明史、手工业史、宗教史和几何学等。他认为:"至关重要的是准确地掌握各民族的所在地及其语言,以便进一步掌握他们的种族及其来源。"他希望通过这些问题的解决,冲破旧有知识与经验对人类的控制。如认识中国历史的准确性和古老性,就形成了对《圣经》的普遍实用性和唯一性的挑战。

莱布尼茨说:"从前我们谁也不相信,世界上还有比我们伦理更完善、立身处世之道更进步的民族,现在东方的中国竟使我们觉醒了。"

莱布尼茨之后

莱布尼茨对中国的细心研究带动了西方认真研究中国文化的风气。他的大弟子沃尔夫继承且发扬了老师的传统,在中国文化研究方面也取得了很大成就,认为中国哲学是实践哲学,中国道德原理是理性主义。

沃尔夫是德国的著名人物,他是一个百科全书式的人物,精通哲学、数学、物理、化学、天文学和法律。18世纪德国最著名的哲学家康德在他的《纯粹理性批判》前言中评价沃尔夫是"所有学院派哲学家中最杰出的",这是因为他在科学上缜密的方法论是基于原则的实证、概念的清晰、证据的无瑕和杜绝任何随意的联想。1721年初夏,沃尔夫发表了关于"中国的实用哲学"的讲演,阐述自己的启蒙主义观点。

他说:在中国的典籍里,没有提到上帝和对他的信仰,也没有提到对上帝的爱与恨,更谈不上对上帝的信心。孔子创立的儒家思想集理性、道德、传统、常识于一体,影响了中国上至皇帝下至百姓近两千年,这足以证明没有神权,人类依靠自己理性的力量也可以建立一套完整的伦理、道德体系。世界上所有其他不相信上帝的民族都堕入偶像的崇拜,中国人唯一保持了自然所赋予人的力量。不仅如此,古老的中华文明和伦理哲学比《圣经》和西方的基督教更古老,而且完全可以与之媲美,甚至更优越,这也进一步证明了欧洲社会完全有理由并且有希望依靠理性不断自我完善。他声明：的确，我感激神灵的保佑，在我们这个时代，中国人的哲学开始被我们所知。不幸的是，那些自称为基督徒的绝大多数人，似乎已经远离基督教的美德。

沃尔夫还在他的《哲学国王和一统天下的哲学家》中指出：中国之所以能够保持自然法则所赋予人的理性和力量，一个重要原因，是因为它一直被深受儒家思想、道德和智慧教育影响的开明君主所统治。开明君主的典范是执政长达60年的康熙皇帝。"中国古代的皇帝都有哲学性……中国自古以来拥有世界上最优秀的政府首先要归功于那些哲学家的君王。在政治管理艺术上，这一民族从来都优越于其他民族，毫无例外。"欧洲君王应该如何？他的结论是：效仿中国。

启蒙思想家的"一厢情愿"

启蒙思想家们从实用、功利的角度来认识中国，就难免片面，甚至肤浅。无论是对神权的挑战，还是借开明君主之力推进改良的理想，甚或以此提高启蒙思想家本身的地位，很大程度上说，孔子和中国文化只是启蒙思想家们使用的工具。史学家陈乐民这样评价启蒙时代的思想家对中国文化的认识与使用："用显微镜把它单挑出来像特写镜头一样放大，那不是幻觉也是错觉。"是的，这种错觉使启蒙时代的思想家们误入了一个一厢情愿地制造神话的思维模式中。而当神话一旦破灭，一厢情愿就可能转而变成一种愤怒与诅咒。

被誉为欧洲的康熙大帝的腓特烈大帝向乾隆皇帝提出通商要求被拒绝后，在给伏尔泰的信中写道：中国人不过是些少见多怪的野蛮人，当上了中国皇帝的满族人乾隆是个蹩脚的诗人！腓特烈大帝对中国态度的转变，其实就代表了启蒙思想家甚至整个欧洲对于中国态度的转变。

随着耶稣会在中国传教活动被禁止，随着罗马教皇对耶稣会的取缔，特别是随着中国近代屈辱史的开始，启蒙思想家心目中"中国幻象"被敲得粉碎，那个在18世纪被西方赋予了"万千宠爱"的"东方乐园"似乎很快就坠入了人人诅咒的"地狱"。18世纪之后的许多西方学者，包括德国哲学家、思想家如黑格尔在内，他们都将中国看作是文明的对立面。黑格尔说："东方人认为普天之下有一个人是自由的；希腊和罗马人认为一些人是自由的；德意志人认为所有人都是自由的。"直至今日，西方对中国的认识依然未走出这种认知阴影。

五 中国文化与歌德

歌德对中国文化的认知与认同

《歌德谈话录》[①] 1827年1月31日有下面的记载：

在歌德家吃晚饭。歌德说："在没有见到你的这几天里，我读

[①]《歌德谈话录》，朱光潜译，人民文学出版社1978年版，第109—112页。

了许多东西,特别是一部中国传奇①,现在还在读它。我觉得它很值得注意。"

我说:"中国传奇?那一定显得很奇怪呀。"

歌德说:"并不像人们所猜想的那样奇怪。中国人在思想、行为和情感方面几乎和我们一样,使我们很快就感到他们是我们的同类人,只是在他们那里一切都比我们这里更明朗,更纯洁,也更合乎道德。在他们那里,一切都是可以理解的,平易近人的,没有强烈的情欲和飞腾动荡的诗兴,因此和我写的《赫尔曼与窦绿台》以及英国理查生写的小说有很多类似的地方。他们还有一个特点,人和大自然是生活在一起的。你经常听到金鱼在池子里跳跃,鸟儿在枝头歌唱不停,白天总是阳光灿烂,夜晚也总是月白风清。月亮是经常谈到的,只是月亮不改变自然风景,它和太阳一样明亮。房屋内部和中国画一样整洁雅致。例如'我听到美妙的姑娘们在笑,等我见到她们时,她们正躺在藤椅上',这就是一个顶美妙的情景。藤椅令人想到极轻极雅。故事里穿插着无数的典故,引用起来很像格言,例如说有一个姑娘脚步轻盈,站在一朵花上,花也没有损伤;又说有一个德才兼备的年轻人 30 岁就荣幸地和皇帝谈话;又说有一对钟情的男女在长期相识中很贞洁自持,有一次他俩不得不同在一间房里过夜,就谈了一夜的话,谁也不惹谁。还有许多典故都涉及道德和礼仪。正是这种在一切方面保持严格的节制,使得中国维持到几千年之久,而且还会长存下去。"

---

① 据法译注,即《两姊妹》,有法国汉学家阿伯尔·雷米萨特的法译本。按,可能指《风月好逑传》。歌德在这部传奇法译本上写了很多评论,据说他准备晚年根据该书写一部长诗,但是后来没有来得及写就去世了。

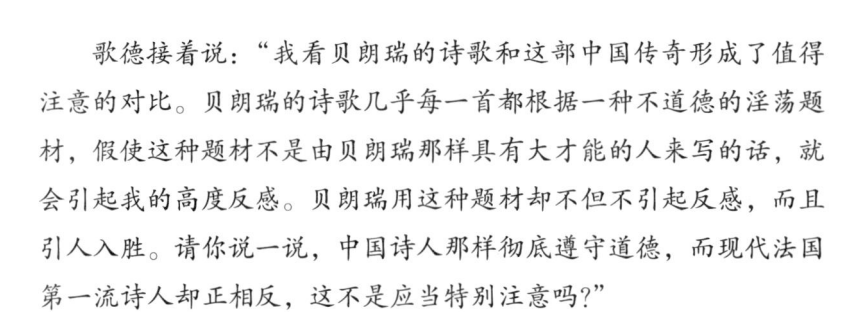

歌德接着说："我看贝朗瑞的诗歌和这部中国传奇形成了值得注意的对比。贝朗瑞的诗歌几乎每一首都根据一种不道德的淫荡题材，假使这种题材不是由贝朗瑞那样具有大才能的人来写的话，就会引起我的高度反感。贝朗瑞用这种题材却不但不引起反感，而且引人入胜。请你说一说，中国诗人那样彻底遵守道德，而现代法国第一流诗人却正相反，这不是应当特别注意吗？"

我说："像贝朗瑞那样的才能对道德题材是无法处理的。"歌德说："你说得对，贝朗瑞正是在处理当时反常的恶习中揭示和发展出他的本性特长。"我就问："这部中国传奇在中国算不算最好的作品呢？"歌德说："绝对不是，中国人有成千上万这类作品，而且在我们的远祖还生活在野森林的时代就有这类作品了。"

歌德接着说："我愈来愈深信，诗是人类的共同财产。诗随时随地由成百上千的人创作出来。这个诗人比那个诗人写得好一点，在水面上浮游得久一点，不过如此罢了。马提森先生不能自视为唯一的诗人，我也不能自视为唯一的诗人。每个人都应该对自己说，诗的才能并不那样稀罕，任何人都不应该因为自己写过一首好诗就觉得自己了不起。不过说句实在话，我们德国人如果不跳开周围环境的小圈子朝外面看一看，我们就会陷入上面说的那种学究气的昏头昏脑。所以我喜欢环视四周的外国民族情况，我也劝每个人都这么办。民族文学在现代算不了很大的一回事，世界文学的时代已快来临了。现在每个人都应该出力促使它早日来临。不过我们一方面这样重视外国文学，另一方面也不应拘守某一种特殊的文学，奉它为模范。我们不应该认为中国人或塞尔维亚人，卡尔德隆或尼伯龙根就可以作为模范。如果需要模范，我们就要经常回到古希腊人那里去找，他们的作品所描绘的总是美好的人。对其他一切文学我们都应只用历史眼光去看。碰到好的作品,只要它还有可取之处,就把它吸收过来。"

约翰·沃尔夫冈·冯·歌德(1749—1832)是德国历史上最伟大的诗人,是德国古典文学最主要的代表,也是世界文学史上最伟大的作家之一。《歌德谈话录》是歌德的助手爱克曼辑录的关于歌德的言论和活动的集子,主要是歌德关于文艺、美学、哲学、自然科学等方面的思想,是歌德精神面貌的直接呈现,也是阅读歌德、理解歌德的最贴近的一扇窗户。

歌德认知中国的两个来源

歌德对中国的认知与认同来自哪里?考察歌德的人生,大致可以说有两个来源:一个是欧洲社会文化,一个是歌德的阅读。

先说第一个来源。

前面我们已经讲到,经历了传教士近两百年的努力后,18世纪的欧洲掀起了"中国热"。18世纪上半叶,中国的艺术及文化生活开始为欧洲人广泛接受。在这种风尚中,歌德生活的德国魏玛也被各种"中国物"装饰起来。

1748年在魏玛宫旁边的居栖湖的一个半岛上建起了一座四层"中国塔"(1803年坍塌)。据载,该塔比当时欧洲所有的塔都可观。歌德有三十多年常从这座"中国塔"旁边走过。

德国18世纪初掀起"轿狂热",从德国皇帝到大主教都视轿子为上等人的交通工具,"病人、奴婢仆役、犹太人等不得乘轿"。"洛可可"高潮时期,中国轿子遍及德国大小邦国。1861年,虽然轿子已不再时兴,但德国纽伦堡市政府还是公布了一个《轿法规》。

现在人们到德国旅游，还能看到当年安娜·阿玛利亚侯爵夫人使用过的来自中国的华贵的轿子。

当时中国皮影艺术在西方盛行，德国达姆斯塔特、戈塔和魏玛的宫廷是当时的皮影戏中心。歌德非常喜欢皮影戏，收藏有皮影1226张。

中国茶在当时属于雅致、高级的享受，人们经常边品茶边听讲座或音乐。当时，魏玛人仿效中国茶亭设置饮茶场所。公爵夫人还将城墙边的一个哨所改为中国式的六角茶亭，内部装饰成中国风格，画上中国的山水画。1806年，大哲学家叔本华的母亲约翰娜·叔本华在魏玛主讲《中国茶文化》，歌德经常去听她的讲座。

在歌德的家里，"中国物"也不在少数。

歌德的父亲是"中国热"的追捧者。歌德在自传著作《诗与真》中谈到，家中"描金彩漆家具上的奇异小人，房间蜡染壁帔上的庙宇，留着胡须的小瓷人"等皆来自中国。他家大沙龙用"中国亭"糊墙纸装饰，歌德在一张中国式红漆乐台上做了一个祭坛。但歌德对中国壁纸并不怎么感兴趣，他"曾因诋毁中国的壁纸"与父亲大吵了一架，将中国壁纸视为不可接受之物，最后还是挂上了旋涡纹饰的大镜框，而没有在父亲的房间里贴上中国壁纸。

第二个来源是歌德的中国阅读。

作为一位具有世界视野的巨人，歌德广泛阅读了当时在欧洲出版的有关中国的书籍，从他在魏玛公爵图书馆借书的登记中可以看到，他涉猎的有关中国的著译不下44种，包括历史、地理、文学、哲学，像《马可·波罗游记》等还借阅多次。他读了杜赫德著的百科全书式的《中华帝国全志》，特别关注了元曲《赵氏孤儿》、《今古奇观》中四篇小说、《诗经》里十多首诗。歌德还读过元曲《老生儿》、清代长篇传奇《好逑传》、明代传奇《玉娇梨》、广东弹词《花笺记》、人物木刻版画书《百美新咏》等。歌德对汉字也有极大的兴趣，他曾向德国汉学家克拉普罗特请教，克拉普罗特向他讲述了中国文字的奥秘，指导他学习中国书法，歌德后来在魏玛宫廷里当众表演过写中国字。

中国文化对歌德的影响

中国文化对歌德的最大影响，恐怕是在他了解到世界的东方有这样的一个神奇的国度后，加速了"世界文学"概念的形成。歌德也通过翻译介绍中国文学作品来践行自己的主张。他想将《赵氏孤儿》改编成歌剧《哀兰伯诺》，可惜未能完成。他曾对友人说："如果我愿意赠给德国人一出好戏，我就应该在这条路上继续走下去。可叹的是一个人能开始的事如此多，能完成的事如此少！"非常值得关注的是，1827年歌德在《玉娇梨》《花笺记》的启发下，创作了著名的组诗《中德四季晨昏杂咏》，这里选录其中五首。

一

疲于为政，倦于效命，
试问，我等为官之人，
怎能辜负大好春光，
滞留在这北国帝京？

怎能不去绿野之中，
怎能不临清流之滨，

把酒开怀，提笔赋诗，
一首一首，一樽一樽。

二

白如百合，洁似银烛，
形同晓星，纤茎微曲，
蕊头镶着红红的边儿，
燃烧着一腔的爱慕。

早早开放的水仙花，
在园中已成行成排。
好心的人儿也许知晓，
它们列队等待谁来。

六

杜鹃一如夜莺，
欲把春光留住，
怎奈夏已催春离去，
用遍野的荨麻蓟草。
就连我的那株树
如今也枝繁叶茂，
我不能含情脉脉
再把美人儿偷瞄。
彩瓦、窗棂、廊柱
都已被浓荫遮住；

可无论向何处窥望，
仍见我东方乐土。

八

暮色徐徐下沉，
景物俱已远遁。
长庚最早升起，
光辉柔美晶莹！
万象摇曳无定，
夜雾冉冉上升，
一池静谧湖水，
映出深沉黑影。

此时在那东方，
该有朗朗月光。
秀发也似柳丝，
嬉戏在清溪上。
柳荫随风摆动，
月影轻盈跳荡。
透过人的眼帘，
凉意沁人心田。

十四

"好！在我们匆匆离去之前，
请问还有何金玉良言？"——

克制你对远方和未来的渴慕，

于此时此地发挥你的才干。

这组诗原题为《中国四季》，创作于 1827 年，定稿于 1829 年，1830 年发表时标题改成《中德四季晨昏杂咏》。标题加上"德"字，可能是歌德自己意识到他的诗中的中国色彩还不浓厚，自然也包括对中国诗艺的理解不够精确。人们一般认为，其中的第一首、第六首、第八首中国意味最浓。第一首表现中国士大夫厌倦公务、游山玩水、舞文弄墨、饮酒赋诗，与歌德在魏玛宫廷供职多年的某种厌倦心情相适；第六首表现的是中国留春、惜春、春梦的主题；第八首写夜色，中国意象的使用较娴熟。

六 中国文化与雨果及谢阁兰等

中国文化西传停下了脚步

18 世纪晚期，中国文化西传停下了脚步，以两个典型事件为标志。

一个典型事件是康熙禁止传教士传教。

1704 年 11 月 20 日，教皇克雷芒十一世（1700 年至 1721 年在位）发出禁约，不许入天主教者"敬天""祭孔""入孔庙行礼""入祠堂行一切之礼"等。1715 年，教皇克雷芒十一世重申天主教徒必须绝对遵守 1704 年的禁令，否则将被逐出教会，所有传教士必须宣誓服从。

1705年（康熙四十四年）罗马教廷派特使多罗来华，1707年多罗在南京发布教皇禁令。康熙敕令将多罗押往澳门交葡萄牙人看管，1710年多罗死于澳门监狱中。1721年康熙下令禁教。1723年雍正即位后，下令封闭教堂，限令传教士离境。

此后，天主教在中国传教只能采取地下形式。直到1939年教宗庇护十二世（1939年至1958年在位）颁布"众所皆知"通谕，允许教徒参加祭孔仪式，在教会学校放置孔子肖像或牌位，并允许鞠躬致敬，在死者或其遗像、牌位之前鞠躬，天主教才又真正获得传教自由。

禁教之后，传教士的活动受到了限制，他们向西方传播中华文化自然受到了很大制约。

另一个典型事件是乾隆拒绝腓特烈大帝的通商请求。

18世纪60年代初期，腓特烈大帝向乾隆皇帝提出通商要求，遭到了乾隆帝拒绝。腓特烈大帝先前受欧洲"中国热"的影响，对中国及中国皇帝充满期待，但这次遭拒使他受到极大的刺激，骂中国人不过是些少见的古怪的野蛮人，骂乾隆是个蹩脚的诗人，对中国的期待与热情也随之慢慢下降。

特别要注意的是，腓特烈大帝对中国及中国皇帝态度的转变，不是孤立事件。随着耶稣会士在中国传教的逐步败退，西方对中国也有了更多与耶稣会士不同的声音。尤其是新兴资产阶级逐渐在西方崛起，重商逐利之风越来越浓厚，西方人对中国文化不再像先前那样感兴趣，相反对中国那些与西方文化不相容的地方更为强调，所写的中国考察报告里面有关中国的负面理解越来越多。1783年法国的皮埃尔·索拉内特发表的《1774—1781年东印度和中国之行》，称中国人绘画"只知用刺眼的颜料乱涂"，说孔子思想也不

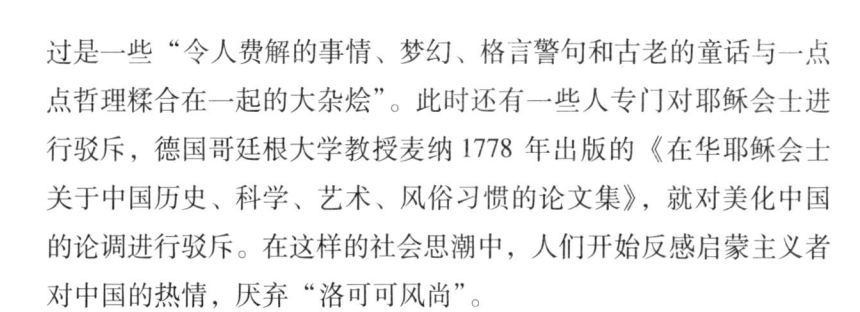

过是一些"令人费解的事情、梦幻、格言警句和古老的童话与一点点哲理糅合在一起的大杂烩"。此时还有一些人专门对耶稣会士进行驳斥，德国哥廷根大学教授麦纳1778年出版的《在华耶稣会士关于中国历史、科学、艺术、风俗习惯的论文集》，就对美化中国的论调进行驳斥。在这样的社会思潮中，人们开始反感启蒙主义者对中国的热情，厌弃"洛可可风尚"。

欧洲"中国热"的终结

也许英国人笛福对中国的表达非常能说明这个问题。笛福第一次谈到中国是1705年在他的科幻作品《巩固者》和《月球世界》中。当时，他对中国的表达与整个欧洲的主流表达一致，说中国人"有历史，聪明，有礼，勤奋"，手工造诣很高，正好弥补"欧洲科学落后、无知的缺陷"。但到了1719年他出版《鲁宾逊漂流记》第二部时，他对中国的态度变为了敌对与歧视。他在书中借主人公鲁宾逊的口吻说道："当我将这个国家里可怜的人们和我们自己相比时，我必须指出，无论是布料、生活方式、政府、宗教、财富，甚至所谓的荣誉，根本不值一提，不值一写，也不值读者们一读。""较之欧洲的宫廷和皇室建筑，他们的房舍算什么呢？较之英国、荷兰、法国、西班牙的四海通商，他们的贸易算什么呢？较之我们城市里的财富、气势、轻便的服装、华美的家具、无穷的变化，他们的城市算什么呢？较之我们的航运、商船队、强大的海军，他们的港口上寥寥可数的破铜烂铁算什么呢？""他们整个王朝虽然可以募集出200万战士，但是除了毁掉国家并饿坏自己外，这些军人什么事也办不成。""在我们一支严阵以待、守备精良的步兵面前，他们纵有100万人，纵以20:1的比例出现，也是枉然。不，我绝非吹嘘，我相信3万德国或英国步兵，甚至1万法国骑兵，就可轻易击败所有中国部队……不错，他们有军火，但都是一些落伍、不灵光的玩意；他们有火药，但是毫无威力。"①

笛福并没有到过中国，他只是根据自己接受到的"知识"进行猜想。

1743年带着舰队访问中国的英国准将乔治·安生对中国近距离观察后的描述更值得我们重视："只有中国人，完全不知利用这近乎神圣的发明，只知固守由死板符号组成的原始而粗糙的字体。这种方法必会创造出太多生字，根本不是人脑所能记忆，因此写作成了殚思竭虑之事，没有人能充分掌握。而阅读时，更经常无法尽解其意，因为无论是符号和字体关联，或是符号之间的关联，均无法从书本中习得，须以口传面授的方式代代延续。""这个国家经常吹嘘的知识、古迹，恐怕也未必可信。"②

1793年抵达中国，参加了乾隆帝83岁生日大典的英国使臣马戛尔尼对中国的形容，可以看作18世纪欧洲"中国热"的一个句号：他说清朝中国是"又老又疯的一流战士"，一直让邻居震慑于"她的庞大及外表"，却因为无能领导者注定"要在海岸上被撕成碎片"。③

中国逐渐成为"落后""愚昧"的代名词

进入19世纪后，由西方人从13世纪至18世纪建立起来的

---

① 史景迁：《大汗之国》，广西师范大学出版社2013年版，第91—92页。
② 史景迁：《大汗之国》，广西师范大学出版社2013年版，第75页。
③ 史景迁：《大汗之国》，广西师范大学出版社2013年版，第79页。

"可爱"的中国形象又受到了他们自己的广泛的质疑,中国在西方人的眼中逐渐成为了"落后""愚昧"的代名词。

黑格尔(1770—1831)对中国的批判最具有代表性,他基本否定中国历史,他说:中国自秦始皇创立"农奴制度"①,在各方面"就已经达到和现在(即清末)一样的水平","一种终古如此的固定的东西(即固定特性的无休止的循环)代替了一种真正的历史的东西"②,是"一种非历史的历史"③。

马克思对中国的论断更广为人们引用:中国长期处于"野蛮的闭关自守的与文明世界隔绝的状态","皇帝通常被尊为全国的君父一样,皇帝的每一个官吏也都在他所管辖的地区内被看作是这种父权的代表"。中国正是由"这个家长制的权力"统治着"这个世界上最古老国家的腐朽的半文明制度"。

但是,在整个欧洲基本否定中国文明的19世纪,却依然有着一位坚守着对中国文明热爱的伟大人物,他就是雨果。

坚守热爱中国文明的伟人——雨果

维克多·雨果(1802—1885)与马克思同处一个时代。他是法国伟大作家,是世界上最伟大的作家之一,是19世纪浪漫主义文学运动的代表作家,是人道主义代表人物。他的创作历程超过60年。作为诗人,他写了20多部诗集,共20多万行;作为小说家,他写了5部长篇小说,300多万字,还有若干中、短篇小说,超过

---

① 黑格尔:《历史哲学》,上海世纪出版集团2006年版,第121页。
② 黑格尔:《哲学史讲演录》,商务印书馆1956年版,第8页。
③ 黑格尔:《历史哲学》,上海世纪出版集团2006年版,第110页。

了以写小说为专长的狄更斯与托尔斯泰；作为戏剧家，他写了10多个剧本；另外还有3部政论作品、3部游记和文学评论。他的代表作品是《巴黎圣母院》和《悲惨世界》。雨果还是一位出色的画家，钢笔画、水彩画都很有特色。雨果的作品在世界上有着巨大的影响。

雨果是一位伟大斗士。他一贯支持殖民地、半殖民地人民的民族解放斗争，支持、讴歌争取民主共和的运动，反对侵略战争。从法国"七月王朝"垮台到1848年法国二月革命，雨果在法国政治生活中都是举足轻重的人物。由于反对拿破仑三世政变，雨果1851年被迫流亡英国。拿破仑三世多次表示赦免他，都被他拒绝。他是法国争取共和民主斗争的一面旗帜。当"巴黎公社"被镇压的时候，他挺身而出，呼吁赦免公社社员，并把自己的住宅作为社员的避难所。

1885年5月22日，雨果在巴黎逝世。法国为雨果举行了国葬，雨果的遗体被安葬在先贤祠。

雨果一生挚爱中国文化，对中国文化有很高的评价，并在他的创作中有许多表现。

1. 一张中国账单

1855年10月，雨果被迫流亡到英吉利海峡的英属根西岛。雨果身后留下一本《根西岛记事本六册》，详细记载了他1855年11月到1865年4月的日常生活。从这六册记事本中，可以看到雨果最真实的状态，包括他的创作及生活的方方面面。在此后10年的时间里，雨果在岛上几家古董铺子里先后买过48次中国艺术品，花费了3000多法郎。1860年6月，有6次购买中国工艺品的记载，支出超过273法郎：

6日。中国茶壶。在阿麦尔太太店里买到5只中国盘子和耶路撒冷地图——13法郎80生丁（茶壶11法郎40生丁）。

11日。在热纳店里买到两只中国花瓶——87法郎50生丁。

15日。在尼科尔太太店里买来两只中国花瓶——75法郎。

16日。买到一只（中国）箱子——50法郎。

18日。买到一对中国花瓶——50法郎。

30日。在莱昂斯店里——一只中国茶盘——60生丁。

2. 一组"中国题材画"

雨果给后人留下了3500幅画作，其中有57幅"中国题材画"。雨果的画作主要是水墨画。雨果的长子夏尔·雨果在《过路人在雨果家里》中说："我见过维克多·雨果作画……一旦纸、笔和墨水瓶端上桌子，维克多·雨果便坐下，他这就画起来，事先不勾草图，没有先入为主的想法，运笔异乎寻常地自如，画的不是全图，而是景物的某个细节。——他会先画树枝而成森林，先画山墙而成城市，先画风向标而成山墙，一步步，白纸上猛然现出一幅完整的作品，其精细和明晰，如同照相的底片，经化学药品处理，即可现出景物。这样完成后，作画人要来一只杯子，泼下清咖啡，其风景画即告完成。结果便是一幅出人意料的画，雄浑，意境奇肆，总是富有个性，使人依稀想见伦勃朗和皮拉内西的铜版画。"雨果这种作画的风格正是中国国画家的作画风格，"泼下清咖啡"与中国画家的"泼墨"可谓殊途同归。雨果画水墨画还经常使用"中国墨"。

《编年版雨果全集》第17卷收录一组"中国题材画"，包括19

幅铅笔画、钢笔画和 38 幅烙画，共 57 幅图。铅笔画和钢笔画是"烙画"的草稿或草图。

烙画古称火针刺绣，又名火笔画、烫画等，是中国一种极其珍贵的稀有画种。据史料记载，烙画源于西汉，盛于东汉。烙画系用火烧热烙铁在物体上熨出烙痕作画。烙画创作在把握火候、力度的同时，注重"意在笔先，落笔成形"。烙画不仅有中国画的勾、勒、点、染、擦、白描等手法，还可以烫出丰富的层次与色调，具有较强的立体感，酷似棕色素描和石版画，因此烙画既能保持中国传统绘画的民族风格，又可达到西洋画严谨的写实效果。

雨果的 38 幅烙画是 1864 年为情人朱丽叶在根西岛的居所"高城仙境"的饭厅亲自设计和制作的，这些画作今天陈列在巴黎"雨果故居纪念馆"三楼的常设展厅——"中国客厅"里。

1869 年，雨果还画了一幅《热情洋溢的中国人》，画中人物有一条甩得高高的辫子，可谓神采奕奕。

3. 一组"中国诗"

中国花瓶

——赠少女叶杭彩

茶叶之国的姑娘，
在你神奇美妙的梦乡，
天是一座城邦，
而神州是它的郊野。

在我们惨暗的巴黎城，
素容的少女，你在找寻，

找寻其中有孔雀开屏的
金碧辉煌的花园。

于是你向着我们的天空微笑。
姑娘年龄还这样幼小，
应有一个快乐的矮仙来轻描，
在你瓷白的眼球上，描出青花的纯洁。

1851 年 12 月 1 日

《中国花瓶》选取"茶叶之国""素容的少女""孔雀""矮仙""瓷白""青花"这一组地道的意象，巧妙地组接在"花瓶"之上，托出了雨果心中的"中国"形象。

值得特别关注的是这首诗的写作时间。1851 年 12 月 2 日，拿破仑三世政变。之后雨果开始了漫长的 19 年流亡生涯。这首诗的写作，就发生在雨果人生的重大转折时期。这样的诗是不是具有某种特殊意味？那"神奇美妙的梦乡"是不是一种梦想？

跌碎的花瓶

老天呀！整个中国在地上跌得粉碎！
这花瓶又白又细，像一滴闪光的水，
花瓶上画满花草和虫鸟，妙不可言，
来自蓝色的理想梦境，都依稀可辨，
这个绝无仅有的花瓶，的确是奇迹，
虽然是日中时分，瓶上有月色皎洁，
还有一朵火苗在闪耀，仿佛有生命，

又像是稀奇古怪,又像是有心通灵。
玛丽叶特在收拾房间,出手不小心,
碰倒了这个瓷瓶!跌碎了这件珍品!
圆圆的花瓶多美,仿佛在梦中制造!
瓶上几头金牛在啃着那瓷的青草。
我真喜欢,海港是我买花瓶的地方,
有时候,对沉思的孩子我大讲特讲:
这是牦牛;这是能手脚并用的猴子;
这个,是一头笨驴,也许是一个博士,
他在念弥撒,如果不在哼哧地叫喊;
那个,是一个大官,他们也叫做"可汗",
既然他肚子很大,就应该满腹经纶;
当心呀,这是只藏在穴里的虎,要伤人。
猫头鹰在它洞里,国王在深宫里头,
魔鬼在它的地狱,瞧它们长得多丑!
妖怪其实很可爱,这孩子们都知道。
志异故事讲动物,它们就手舞足蹈。
花瓶死了。我非常珍惜这一个花瓶。
我赶来时很生气,我马上大发雷霆:
"这是谁干的好事?"我嚷道,来势汹汹!
让娜①这下注意到玛丽叶特很惊恐,
先看看她在害怕,又看看我在发火,

---

① 让娜,雨果的孙女。让娜的父亲于 1871 年 3 月去世,当时让娜仅两岁。

于是，像天使一样瞧我一眼说："是我！"

1877年4月4日

"一滴闪光的水"，"蓝色的""梦"，"闪耀"的"火苗"……"跌碎了"！雨果对心爱的中国"花瓶"的遭遇非常痛惜，是否也有对中国文明失落的痛惜？他的诗劈头就说：老天呀！整个中国在地上跌得粉碎！

前面我们讲到雨果的"中国客厅"。因为它耗费了雨果许多金钱、时间和精力，他的情人朱丽叶在1863年8月6日给雨果写信道："我再说说我对这间神奇卧室的赞美之情，这是一首真正的中国诗。"也许，这"一首真正的中国诗"才是雨果关于中国的最美的诗。

4. 一封抗议信

就英法联军远征中国给巴特勒上尉的信

先生：

您征求我对远征中国的意见。您认为这次远征是体面的，出色的。多谢您对我的想法予以重视。在您看来，打着维多利亚女王和拿破仑皇帝双重旗号对中国的远征，是由法国和英国共同分享的光荣，而您想知道，我对英法的这个胜利会给予多少赞誉。

既然您想了解我的看法，那就请往下读吧：

在世界的某个角落，有一个世界奇迹。这个奇迹叫圆明园。艺术有两个来源：一是理想，理想产生欧洲艺术；一是幻想，幻想产生东方艺术。圆明园在幻想艺术中的地位就如同巴特农神庙在理想艺术中的地位。一个几乎是超人的民族的想象力所能产生的成就尽

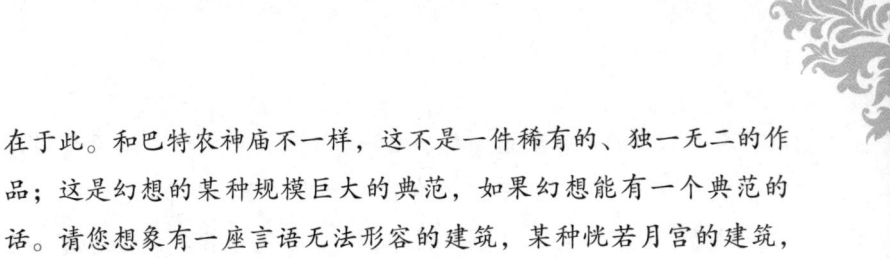

在于此。和巴特农神庙不一样，这不是一件稀有的、独一无二的作品；这是幻想的某种规模巨大的典范，如果幻想能有一个典范的话。请您想象有一座言语无法形容的建筑，某种恍若月宫的建筑，这就是圆明园。请您用大理石，用玉石，用青铜，用瓷器建造一个梦，用雪松做它的屋架，给它上上下下缀满宝石，披上绸缎，这儿盖神殿，那儿建后宫，造城楼，里面放上神像，放上异兽，饰以琉璃，饰以珐琅，饰以黄金，施以脂粉，请同是诗人的建筑师建造一千零一夜的一千零一个梦，再添上一座座花园，一方方水池，一眼眼喷泉，加上成群的天鹅、朱鹭和孔雀，总而言之，请假设人类幻想的某种令人眼花缭乱的洞府，其外貌是神庙，是宫殿，那就是这座名园。为了创建圆明园，曾经耗费了两代人的长期劳动。这座大得犹如一座城市的建筑物是世世代代的结晶，为谁而建？为了各国人民。因为，岁月创造的一切都是属于人类的。过去的艺术家、诗人、哲学家都知道圆明园，伏尔泰就谈起过圆明园。人们常说：希腊有巴特农神庙，埃及有金字塔，罗马有斗兽场，巴黎有圣母院，而东方有圆明园。要是说，大家没有看见过它，但大家梦见过它。这是某种令人惊骇而不知名的杰作，在不可名状的晨曦中依稀可见，宛如在欧洲文明的地平线上瞥见的亚洲文明的剪影。

这个奇迹已经消失了。

有一天，两个来自欧洲的强盗闯进了圆明园。一个强盗洗劫财物，另一个强盗在放火。似乎得胜之后，便可以动手行窃了。他们对圆明园进行了大规模的劫掠，赃物由两个胜利者均分。我们看到，这整个事件还与额尔金的名字有关，这名字又使人不能不忆起巴特农神庙。从前他们对巴特农神庙怎么干，现在对圆明园也怎么干，不同的只是干得更彻底，更漂亮，以至于荡然无存。我们把欧洲所有大教堂的财宝加在一起，也许还抵不上东方这座了不起的富丽堂皇的博物馆。那儿不仅仅有艺术珍品，还有大堆的金银制品。丰功伟绩！收获巨大！两个胜利者，一个塞满了腰包，这是看得见的，另一个装满了箱箧。他们手挽手，笑嘻嘻地回到欧洲。这就是这两个强盗的故事。

我们欧洲人是文明人，中国人在我们眼中是野蛮人。这就是文明对野蛮所干的事情。

将受到历史制裁的这两个强盗，一个叫法兰西，另一个叫英吉利。不过，我要抗议，感谢您给了我这样一个抗议的机会。治人者的罪行不是治于人者的过错；政府有时会是强盗，而人民永远也不会是强盗。

法兰西吞下了这次胜利的一半赃物，今天，帝国居然还天真地以为自己就是真正的物主，把圆明园富丽堂皇的破烂拿来展出。我希望有朝一日，解放了的干干净净的法兰西会把这份战利品归还给被掠夺的中国，那才是真正的物主。

现在，我证实，发生了一次偷窃，有两名窃贼。

先生，以上就是我对远征中国的全部赞誉。

维克多·雨果

1861 年 11 月 25 日于高城居

1861 年 11 月 25 日，正是圆明园被毁一周年的时候。但根据此信的译者程增厚先生的研究，这封信的真实写作时间是 1875 年，即圆明园被劫掠 15 年之后。并且，巴特勒上尉也是雨果虚拟的写作对象。

在事件发生十几年之后的 1875 年，已经是古稀之年的雨果写作这篇书信体散文，让我们更能感受到这位作家、思想者、斗士的英勇与伟大，也更能感受到雨果对中国文明的热爱。

雨果对中国的关注是贯穿一生的。1841年，雨果在他的游记《莱茵河》的"结论"里，就曾指出英国发动鸦片战争的险恶用心："英国在企图毒害，至少是企图催眠中国之后，此时此刻，正在猛力攻打中国。"这里的"毒害""催眠"是指英国对中国的鸦片输入。1860年，当雨果得知英法联军闯入圆明园后，在笔记中写道："欧洲正以大肆劫掠的方式，把文明传入中国。""此时此刻，欧洲正在砸碎中国。这个可怜的大花瓶，早已是满身裂痕了。"1865年，雨果写《莎士比亚论》时将西方与东方联系起来思考："由此产生了两首巨大的诗篇。此地是'太阳神'，那儿是'龙'……这两个世界属于最高的趣味，标志出这最高趣味的两极。这最高趣味的一端有希腊，另一端有中国。"这与《致巴特勒上尉的信》将中国的圆明园和希腊的巴特农神庙并提完全一致。

中国文化与雨果构成了人类文化史上的一个有机结合体，这个结合体也许可以用1853年雨果创作的《一个安分守己的老板在家里》前面的"题词"做一个小结："可我却有幸生在中国！我有宅第可以蔽身，我有饭吃，有酒喝，我生活中有种种方便，我有衣穿，我有帽戴，有众多的消遣；说句实话，财大福大，是我的造化！"

"世界上最宽阔的是海洋，比海洋更宽阔的是天空，比天空更宽阔的是人的胸怀。"从莱布尼茨尽最大的可能理解中国文化，到歌德以"世界文学"的眼光认知、接受中国文化，再到雨果以斗士的方式热爱、推崇中国文化，恐怕是"比天空更宽阔的人的胸怀"起到了最重要的作用。

雨果是一位伟大的人道主义者，因此，他以"比天空更宽阔"的胸怀，理解、认知、接受像中国文明一样的所有异域文明，且热爱他们，推崇他们。也因此，他不能容忍这样的文明被野蛮所践踏！

像雨果一样热爱中国文化的法国诗人们

让我们感到非常荣幸的是，当中国文化在西方遭到鄙视的时期，法国除了雨果外，还有保尔·克洛岱尔等一批喜欢中国文化的诗人，他们也创作了一些与中国有关的诗歌，兹略列于后。

1. 戈蒂埃与《中国之恋》

泰奥菲尔·戈蒂埃（1811—1872），法国著名诗人与小说家。他是一位唯美主义者，主张"为艺术而艺术"，他的诗歌色彩艳丽，韵律和谐，意象鲜明，情调欢快，抒情性很强。他比较关注当时法国汉学家对中国文学的评价与研究，并受其影响，创作出了一些有关中国的诗，其中《中国之恋》（又名《中国热》）最为有名。

> 此刻我心爱的姑娘在中国；
> 她与年迈的双亲为伴，
> 住在一座细瓷塔中，
> 在那鱼鹰出没的黄河畔。
> 她的双眼微微上挑，
> 小脚可握在手中把玩，
> 黄皮肤比铜灯还清亮，
> 长指甲用胭脂红涂染。
> 她把头探出窗栏外，

> 燕子就飞来与她亲热呢喃，
> 每晚，她如同诗人一般，
> 将垂柳和桃花咏叹。

戈蒂埃的这首《中国之恋》将"瓷塔""鱼鹰""黄河""小脚""黄皮肤""铜灯""胭脂""燕子""垂柳""桃花"这些典型的中国意象有机组接，很好地表现了西方人想象中的东方人的田园牧歌式的恬静生活。这首诗是"18世纪欧洲中国热"沉淀的产物，成为了此后许多法国人（甚至所有西方诗人）想象中国的原型。

2. 马拉美与《倦怠》

斯特凡·马拉美（1842—1898），和魏尔兰、兰波并列为象征派三大诗人，早年在波德莱尔的影响下写诗，中年后创作长诗《牧神的午后》和《希罗底》，形成独特的诗风。马拉美的诗歌语言追求精练，用字深奥，主张"诗的享受是一步步猜测，对事物'直呼其名'，则取消了诗的四分之三的享受：'暗示'事物，这才是梦想。"他创作艰辛，惜墨如金，生前仅发表1100行诗。22岁时马拉美创作了《倦怠》：

> 我要放弃残忍国度贪婪的艺术
> 对朋友的陈词滥调的谴责报以微笑
> 放弃过去，天才
> 和那知我颓唐的明灯
> 模仿那有着清澈、细腻之心的中国人
> 他们醉心于在雪白的夜光杯上
> 描绘那染香澄澈人生的
> 异卉奇葩

那香气扑鼻的花卉从孩提时代

就印进了我灵魂的蓝色水印。

这首诗表明马拉美不顾友人的劝告甚至谴责，放弃法国传统艺术，学习中国艺术，走一条全新的诗歌创作道路。一般认为，此后马拉美在创作题材、主题、风格等方面都较多地受到中国文化的影响。

3. 埃雷迪亚与《中国绣屏风》

德·埃雷迪亚（1842—1905），法国杰出的十四行诗大师，法兰西学院院士。他的诗歌韵律丰富，具有较强的朦胧梦幻色彩。他创作的《锦幡集》收录118首十四行诗，描写逝去的文明、遥远的国度和布列塔尼（法国西北部的布列塔尼半岛，英吉利海峡和比斯开湾之间）的风光，118首诗就是118幅图画。其中有一首写《中国绣屏风》，极富中国风味：

异国香浓，奇屏丝巧，绣来亭馆林园，

游仙湖上，雅伴泛金船。

船上纤纤仕女，翠帷下遮阴婵娟，

含笑看达官两个，情重腹便便。

缠绵，还狡黠，默然无语，偏逗人怜；

任柔荑酥臂浸入清涟。

枉然使君馋眼，又还弄纸扇轻团。

真妩媚，玉颜华女，目秀黛增妍！

4. 雅姆与《孔子》

弗朗西斯·雅姆（1868—1938），法国最特立独行的诗人，诗

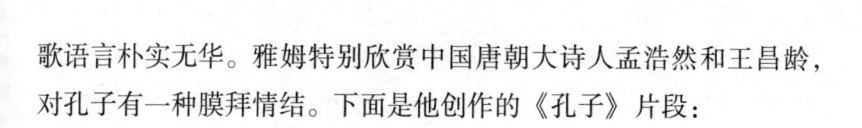

歌语言朴实无华。雅姆特别欣赏中国唐朝大诗人孟浩然和王昌龄，对孔子有一种膜拜情结。下面是他创作的《孔子》片段：

> 孔子不把他的语言提炼，
> 像国内权贵们珍藏的杯盏。
> 庙堂里美好的佛器是木鱼，
> 不需要种种的艺术修饰剪裁。
>
> 他去宫殿，态度极端谦虚，
> 从来不生气，听吹笛者
> 陶情作乐，缓和思绪，
> 一如焦山上月笼紫树……
>
> 他与城中官吏军中将士，
> 恭恭敬敬彼此交谈。
> 他与常人友好往来，
> 不流于庸俗的亲热，一块儿吃饭。
>
> 他爱好音乐，兴趣浓厚，
> 可是更喜欢芦苇，简单的乐器，
> 芦苇生长在沼泽边黄色的软泥，
> 其中栖宿着无名的鸟儿鸣悠悠。

5. 克洛岱尔与《认识东方》

保尔·克洛岱尔（1868—1955），诗人、剧作家、散文作家，是20世纪前半叶法国文坛的杰出人物。他师宗马拉美，后受兰波的影响，成为后期象征主义最重要的诗人之一。克洛岱尔1891年开始职业外交家生涯，先后在美国、中国、捷克、德国、比利时、日本等地任外交官。1936年回国，潜心从事写作。1946年当选法兰西学院院士。

克洛岱尔对中国有一种近乎本能的爱，他说："我是多么爱中国呀……我顿然接受了它，我怀着欣悦、惊奇、倾倒、毫无异议的心情扑向它，如鱼得水。"诗人有两个中文名，先叫高乐待，后改为高禄德。

高禄德可能是迄今为止对中国体察最深的西方大诗人。他在中国期间创作的有关中国生活印象的散文诗集《认识东方》，记录了在中国的所见所闻所思，语言纯净，描写精细，富有乐感，具有东西文化的融合之美，被认为"是一组绚丽多彩的中国画卷，是一曲曲扣人心弦带有浓郁的东方情调的乐章"。《认识东方》共有散文诗61篇，分成两个部分，第一部分52篇，写于1895年至1900年间；第二部分只有9篇，写于1900年至1905年间。从1900年开始这些散文诗陆续在《巴黎杂志》上发表，出版人专为他的文章开辟了一个专栏，题为"东方国家素描"。《认识东方》为克洛岱尔在法国赢得了广泛声誉。

克洛岱尔在《十二月》中这样描写南国岁末的大地：

你的手扫过这片地方和这多叶的山谷，达到了你眼光所及的绛红棕褐的田野，于是便抚着它们，在这幅富丽的锦缎上留恋。一切都是宁静的，一切都被笼罩着；没有一点刺目的青翠，没有任何新的年轻的东西打破这整个结构，打破这曲音调浑厚而深沉的歌……十二月的下午是温柔的啊……在如此繁茂的青草和如此丰盛的收成

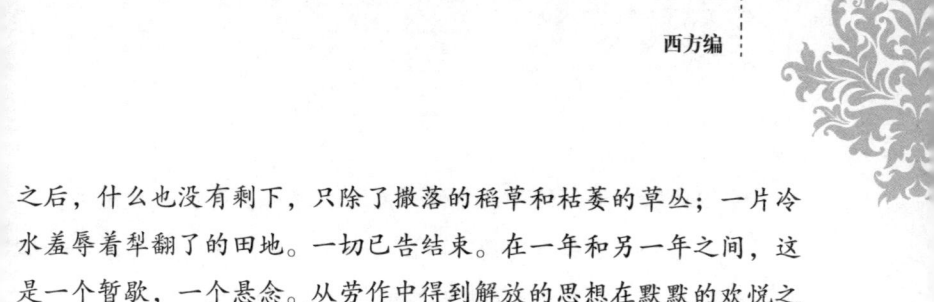

之后，什么也没有剩下，只除了撒落的稻草和枯萎的草丛；一片冷水羞辱着犁翻了的田地。一切已告结束。在一年和另一年之间，这是一个暂歇，一个悬念。从劳作中得到解放的思想在默默的欢悦之中凝神静思，思考着新的事业——像土地一样享受着自己的安息日。

"富丽的锦缎""浑厚而深沉的歌""凝神静思""新的事业"……这是他赞美而留恋的。所以，写于归国船上的《溶》就有了这样的心绪：

于是我又一次被载运回乡，在这冷漠的汪洋大海上。当我死去，就不会再教我痛苦……如今一切都溶去了，我用沉重的眼睛向四面徒劳地寻找习惯的国度与我脚下坚实的路，也徒劳地寻找那无情的面容……我再寻觅也是枉然，我在我之外再也找不到什么了——既找不到我逗留过的国度，也找不到我所恋慕的面容。

此时的诗人正经历两场"失恋"，一是爱上有夫之妇，产生了对爱情的绝望；二是在与心爱的中国离别，有一种莫名的失落与眷恋。

中国的空气在克洛岱尔的笔下如此明净：

圣灵降临节的阳光照耀着整洁、深沉如教堂般的大地。空气是那样清新、明净，我仿佛赤着身子走着。到处一派宁静。

这让我们在与今日的对比之中不得不感谢他给我们留下的见证与期待。

克洛岱尔对中国艺术非常欣赏，尤其赞叹中国艺术的"空白""气韵"的本质，欣赏中国人的审美情趣与创造心理：

中国诗歌、绘画的特色非他，乃是表现人，表现一种情思，一个动作，它讲究空白、气韵，以在读者心里唤起某种美感，在一切哲学和艺术中，"空"就是中国思想最古老最重要的东西。

中国的建筑可说是废去墙垣，但使屋顶舒展，变化多姿，檐角高挑幽雅地翘起，朝天空中起伏腾跃，形成曲线；它们仿佛悬挂在天空似的，屋顶愈是广阔，愈是足以承重，那么，由于其自身重量，反而更增加了轻快飘逸的感觉。

克洛岱尔还对唐诗宋词很是陶醉，翻译过 40 余首中国诗词，发表在《巴黎杂志》和《费加罗文学报》上，向西方世界展现了一个民风淳朴、安宁升平、充满儒雅之风的国度。克洛岱尔的译诗基本上有三种情况：第一种基本上忠实原文；第二种是抓住原著最有感觉的地方加以发挥和改写，使之更符合法国传统；第三种是借题发挥，达到译者自己的理想境界。下面对三者各举一例。

李白《黄鹤楼送孟浩然之广陵》的翻译属于第一种：

出　　发

故人乘船出发，
我们之间的距离不断加大，
他隐入水上的轻雾和鲜花。
白帆在白色地平线上渐渐消逝，
只有滚滚不尽的江河流向天涯。

贺知章《回乡偶书》的翻译属于第二种：

回 乡

是我，我没有变！
"你说，客人，你从哪儿来？"
为什么这样看我？
我还是老样子。
为什么这些陌生的面孔，
在你们中没有一个我所爱的人呢？
人们面面相觑，哑口无言：
"你说，客人，你从哪儿来？"

李清照《声声慢》的翻译属于第三种：

绝 望

呼唤！呼唤！
乞求！乞求！
等待！等待！
梦！梦！梦！
哭！哭！哭！
痛苦！痛苦！我的心充满痛苦！
仍然！仍然！
永远！永远！永远！
心！心！
存在！存在！
死！死！死！死！

这首词大概译于 1946 年，可以看作译者对遭受了两次世界大战苦难的人类的一种沉思。

在克洛岱尔的直接影响下，年轻一代诗人谢阁兰和琼·佩斯等相继来到中国，从东方汲取丰富的营养，成为了法国文坛举足轻重的人物。

6. 佩斯与《阿纳巴斯》

圣-琼·佩斯（1887—1975），法国著名诗人，1960 年获诺贝尔文学奖。颁奖词为"由于他高超的飞越与丰盈的想象，表达了一种关于目前这个时代之富于意象的沉思"。

诗人与中国结缘，是受克洛岱尔的鼓励而选择了外交事业，来到中国，并给自己取了一个中国名字——雷雪。1916 年至 1921 年间，他先后任驻上海领事和驻北京使馆的秘书，并爱上了北京。佩斯在给诗人纪德的信中意味深长地称北京是"世界天文中心，超越时空，是绝对的存在"，而紫禁城更是"美妙的抽象，是心灵最终摸索的石阵，这个世界最后的几何聚合点"。在中国的五年中，他经常到各地旅游，促使他写下了著名长诗《阿纳巴斯》（又译为《远征》《征讨》）。该诗被法国著名评论家罗杰·加洛蒂赞誉为"似乎人类在经历了它所有的经验和文明之后"，产生的"唯一的伟大诗篇"，"一部仅有的史诗"。下面是该诗片段：

我们不会久居在这片黄土，我们的享乐……比王国更辽阔的夏季在空间悬挂出层层气候。灰烬下，无边大地滚流它苍白的炭火——蜜色，硫黄色，不朽事物之色；覆草的莽原处处燃起去冬的枯麦秸——一棵孤树笔立。任天空在它绿绵中啜吸浓郁的汁。

云母石处所！风的胡须中寻不到半粒纯种子。光么？它滑腻如油。眼帘的缝和远峰的线凝合而为一；我谙晓那充满谛听的石，那光之窝中无声的蜂群。突然，我心胸触动，对一族蝗虫发生关切。

剪毛时驯服的雌骆驼们，浑身补钉着暗红的伤痕。依山峦运行在农业的天空之下，默默运行在原野的白热之上。然后跪下来，在梦幻的烟雾里；那儿，人族灭迹于大地的死灰。

悠长的线条安然蔓延到天边那似有似无的青蓝葡萄枝、某些角落正成熟着暴风雨的紫罗兰。干涸的河床间升起了孤烟，仿佛是整片整片的世纪依然在飘游。

哎，低声点更低声点在白昼光里；更低声点为了让死者们听见。人心里盛满了温情，这温情终将达到适度么？……"灵魂，我向你述说！——因马的浓香而沉郁的灵魂！"数只陆鸟展翅向西；它们是海鸟的忠实模仿者。

苍白天空东方，有如盲人衣巾封闭的圣地。安详的云舒展处，转动着樟脑和角质形成的瘤块……风和烟争执。大地漫生胡须，啊，滋生美妙的大地！正午，当枣树把坟墓根基爆烈开来，人合上他双目，在忘年中觅一丝沁凉。梦幻的骑兵部队在死灰中，咳，徒然的路毛发散乱，在吹向我们的大气中。何得真战士看守联姻时喜庆的河流？

汹涌在大地上的河流。大地的白盐在梦幻中颤抖了。喊声，何处传来的急骤喊声？起来，河畔白骨堆上光耀如镜的部落，让他们超越世纪相互召唤吧！起来，石块们，献给我荣耀的石块，献给沉默的石块！在宽广古道上，青铜骑士将捍卫疆域。

这首诗是诗人于 1920 年 5 月在北京西北郊的一所道观里完成

的，是诗人对中国作了多方面的考察之后留下的一份珍贵的历史记录，被公认为是最难解的诗作，但同时也使诗人享誉全世界。

7. 罗阿与《王维的友情》

克洛德·罗阿（1915—1997），法国当代汉学家，诗人。他对中国怀有一种特殊的感情："我爱文学，爱艺术，爱亲人，而且还有一爱——就是爱中国。"他尤其爱王维，所以写下了《王维的友情》：

> 岸边的垂柳
> 拥抱着五月湖的微风
> 在北京午园里漫舞轻盈
> 那洁白的鸟儿，我不知道它的姓名
> 它在广东的稻田里俯身
> 蹦跳在水牛的脊背上
> 雀跃在泥浆的凉爽气息中
>
> 它们飞行万里来对我细语轻言
> 这天清晨
> 在半睡半醒和白昼之间
>
> "那周游者的隐秘目的
> 是不理睬他要去哪里"

8. 萨拉热尔《墓志铭》

阿尼·萨拉热尔（1938— ），信奉中国道教的女诗人。她学习汉语的目的是"希望揭开中国'文字符号'的秘密，深入到另一种诗歌的音乐性和多义性协调统一的天地中去"。她倾心"虚静恬淡,寂寞无为",在诗作中尽力追求个人精神的绝对自由,而成为逍遥自得的"真人"。她在阅读了李白的诗后创作的《墓志铭》很有意味:

> 老诗人李白
> 安息在阴间
> 仍在对酒当歌。
> 而歌唱他的我
> 今天,
> 确实,犹在,
> 却全无生存的依托。
> 他的酒杯,与谁
> 对酌?

她的散文诗《在梦见李白的时候》也很有特色:

你出发踏上流放的旅途;我看见你搔动满头白发,立于一叶扁舟,风簇拥着你,横过江河,淌过湖泊;我看见你在往上攀援,一声不响,站在陡峭的岸边,凝视着江南的绿色平原,它的屏障横躺在你的前面;一路上的农夫将你供养;孩子们有时逃散四方;恶意的狗狂吠不止,你只好像年轻人一般将它们驱赶,唉,手臂并不那么有力量,但愿你的名字流传千年万年,即使是赔上你悲苦的一生,也无关紧要!在你的朋友们的倦意之中,你的身影在阴暗的栈道和树林间徘徊,它在你诗文的醉风中飘散,和你的体重一样地有分量,而和我的体重一样地轻巧。

9. 谢阁兰：中西文化交流史上的丰碑

维克多·谢阁兰（1878—1919），法国诗人，小说家，军医和考古学家，大学的毕业论文是《精神病在当代文学中的地位》。1902年毕业后，他曾希望到中国行医。1909年他终于如愿到达中国，随即结交了时任天津法国领事的诗人克洛岱尔，此后寓居京、津两地长达七年之久。他先后担任过法国公使馆译员、军医、考古领队等职。这七年中，他的足迹踏遍大半个中国。其间，他开始诗歌创作，成了"法国的中国诗人"，写出了以中国为题材的杰出诗作——《古今碑录》（又名《碑》）。

"在20世纪初热闹非凡的法国文坛上，谢阁兰的声音显得既微弱又遥远。他29岁开始写小说，31岁开始写诗，41岁就离开了人世。尽管他勤奋笔耕，著述甚丰，但生前正式出版的作品却不多，而且大都只在文友圈中流行，加之他的大部分创作都不以法国本土为基地，也不以法国文化为背景，所以同时代人对他的了解相当有限。然而，从20世纪60年代开始，随着谢阁兰的大量遗作的整理出版，随着一些独具慧眼的学者的深入发掘，也随着当代美学观念的不断刷新、文化视野的不断拓展，这位一度不为人知的诗人终于以他的超前的美学见解、执着的精神探索和古雅的艺术风格赢得了越来越多的文评家的赞扬，在知识界拥有越来越多的读者。继法国内外举行的多次大型国际研讨会之后，1988年巴黎又成立了谢阁兰研究协会，1989年法国国家图书馆举办的法国历代文学珍本展览中，谢阁兰的《古今碑录》被列入当代40种文学珍本参加了展出，至此他在法国当代文学史上的重要地位已经确立。"

这里选录《古今碑录》的序文和其中的三首诗：

《古今碑录》序

这是一些局限在石板上的纪念碑，它们刻着铭文，高高地耸立着，把平展的额头嵌入中国的天空。人们会在道路旁、寺院里、陵墓前突然撞上它们。它们记载着一件事情、一个愿望、一种存在，迫使人们止步伫立，面对它们。在这个破烂不堪、摇摇欲坠的帝国中，只有它们意味着稳定。

铭文与方石，这就是整个的碑——灵魂和躯体，完整的生命。碑下和碑上的东西不过是纯粹的装饰，有时是表面的华丽。

碑座只是一个平台或一个低矮的棱柱体。最常见的是一只巨大的乌龟，它伸着脖子，长着凶恶的下巴，在重负下收拢了弯曲的爪子。这种动物确实富有象征性，姿态坚定，举止值得称道。人们赞叹它的长寿：它从容不迫地行走，越过了上千年的存在。我们不要忘记它用甲壳预言未来的能力，它那酷似苍穹的圆拱能显示一切变化：甲壳涂上墨再用火烘干，人们便可以在上面认出未来天空或晴或阴的景象，如同白天看到的一样清晰。

棱柱形碑座也很典雅。它表现了各种技巧地重叠在一起的自然力：下面是爪形的波浪，上面是成排的尖锐山峰，再上面是云层，最上面是蛟龙闪耀的地方，是帝王圣贤的住所——碑身就从那儿站立起来。

碑首则由绞成双股螺旋的怪兽组成，它们奋力地扭曲着，在冷漠的碑额上鼓起了互相纠缠的躯体，留出了一个题字的位置。如果是古典式石碑，在怪兽鳞片状的腹部下面，在足、爪、刺、尾的拥挤中往往还有一个边缘磨钝了的圆孔穿透石碑，遥远的天空碧蓝的眼睛就从那儿窥视来人。

在距今两千年的汉代，人们为了埋放棺材而在墓穴的两端竖起粗大的木桩，木桩正中打一个圆孔，用来安装绞盘，躺在沉重的彩绘棺材中的死人就从那儿垂放下来。如果死人是不讲排场的穷人，那么用两根绳子穿过圆孔就可以草草了事。但如果是皇帝或亲王的棺材，重量和礼仪都要求使用两个绞盘，因此需要四根支柱。

然而，这些穿了一个洞的木支柱从那时起就被称作"碑"。人们用叙述死者生前德行和职位的铭文来装饰这些碑。后来，它们终于从唯一的丧葬用途中解放出来，承受的不再是尸体，而是一切：胜利、法令、虔诚的决心，以及对奉献、爱情或高尚友谊的赞美。但绞盘的痕迹却留下了。

汉代之前一千年，在礼仪之邦的周朝，人们已经使用"碑"字了，但含义有所不同，那也许是"碑"字最初的含义。它指的是一种石桩，有一定的形状，只是已被遗忘了。这种石桩立在寺庙的大殿中或者立在一个重要的露天广场上。据《礼记》记载，它的作用是："祭祀的那一天，君王牵着献祭用的牲畜。当随行的队列走进大门，君王便把牲畜系在碑上（以便它安静地等待屠宰）。"（原文见《仪礼·祭义》："祭之日，君牵牲，穆答君，卿大夫序从。既入庙门，丽于碑。"）

所以，碑在当时是祭祀礼仪的第一站，行进的人群全都要在那儿止步。如今，所有的脚步仍然要在碑前停留，它在那屋顶起伏不定的宫殿率领的连绵不断的行列中是唯一静止不动的。

注释还写道："每个寺庙都有自己的碑。人们借助它投下的阴影来测量太阳的时刻。"（原文见《仪礼·聘礼》："上当碑。"郑玄注："宫必有碑，所以识日景，引阴阳也。"）

一切依然如故，祖传的功能无一丧失：石碑就像它保留了木碑上的圆孔一样,也保留了祭祀石桩的用途,并且仍然测量一个时刻,但不再是白昼的太阳伸出阴影的手指指示的那个时刻。标志时刻的光芒不再来自那颗"残酷的卫星",也不随它转动。这是自我深处的认知的光辉:星球是内在的,瞬间是永恒的。

碑的文体是文言,它不应该被称作语言,因为它在其他语言中找不到回响,而且也不能用于日常交流。它是象征的游戏,每个成分都起各种作用,但每个成分的功能只取决于当时占据的位置,价值只取决于在此处而不在彼处这一事实。这些文字由古代思想般清晰、音阶般简明的法则联结在一起,互相牵扯,互相依存,互相啮合在一个不可逆的网络中,甚至抗拒织网人。它们一经嵌入石碑,就用它们的智慧渗透了石碑,就脱离了人类那动荡不定的理性形态,变成了石头的思想,具有了石头的质地。所以才有这种坚实的结构、这种密度、这种内在的平衡和这些棱角,这是仿佛晶体具有几何形一样必不可少的属性。所以才有这种蔑视,蔑视任何想让它们说出所保守的秘密的人。它们不屑于被诵读。它们不需要噪音和音乐。它们看不起那些多变的声调和那些随处丑化它们的各省口音。它们不表达,它们示意,它们存在。

这些汉字的书写只可能是美的。它们如此接近事物原形(人处在天下;矢射向天空;马迎风舞动长鬃,蜷起四蹄;山有三个尖峰;心有心室和主动脉),容不得无知和笨拙。然而,它们是透过人的眼睛,通过人的肌肉、手指以及所有那些刚劲有力的工具而呈现出的万物景象,所以它们得到一种变形,艺术正是通过这种变形进入了文字的科学。——它们今天只是正确而已,雍正年间则极为雅致,明代时像优美的蒜瓣般修长,唐代时典范,汉代时浑厚有力。它们还可以上溯到更久远的年代,一直上溯到那些随着事物的曲线而弯曲的赤裸的象征符号。

因为，盲目刻字的石板等于不存在，或者说像没有表情的面孔一样可憎。不论是那些刻字的石鼓还是那些无定形的石柱都不配称为碑，更不用说那种没有基座、没有空间、没有周围四边形气氛的偶然题字了，那只不过是游人记录逸事的游戏：得胜的战役、委身的情妇，还有整套虚文。

碑的坐向不是任意的。如果碑文记载的是政令、皇帝对某个圣贤的敬意、对某种学说的赞词、朝代的颂歌、皇帝对民众的告示、南面的天子颁布的一切，那么碑就面向南方。

出于敬重，友谊之碑将面向正北方——美德那黑色的极点而立。爱情之碑将面向东方而立，以便黎明美化它们最柔和的轮廓，以使凶恶的轮廓变得柔和。武士英雄之碑将面向血染的西方——红色的宫殿而立。其他的碑——路边之碑，将依照道路的随意走向而立，每座碑都毫无保留地把自己献给行人、骡夫、车手、太监、盗贼、商人、托钵僧侣、风尘仆仆的凡人。它们用闪烁着符号的正面对着这些人，而这些人或者在重负下弯着腰或者忍受着没有米饭和辣椒的饥饿，经过时把它们当成了界石。因此，它们虽然能让所有人接近，但精华只留给了少数人。

还有一些碑不朝南也不朝北，不朝东也不朝西，不面对任何可疑的方向，它们指示最杰出的位置——中央。如同那些倒置的石板或者那些在看不见的一面刻有文字的拱顶，这些中央之碑把自己的符号献给了大地，给大地打上了印记。它们是另一个独特的帝国颁布的法令。人们或者接受，或者拒绝，不必徒劳无益地评论、注释，而且永远不必对照真本：这儿只有从真本窃来的痕迹。

大　渊

人面对着深邃，低头沉思。
他在洞穴深处看见了什么？地下的黑夜，阴暗的帝国。

我向自己弯身，凝视我的深渊，啊，啊，我，我在颤抖。
我感到自己在坠落，我醒来了，从此宁愿只观看黑夜。

庸　匠

在天上的二十八座星宿中，织女星从未织过丝绸；
天牛星颈套绳索，却不能拉车；
天毕星网眼无数，多么适合套野兔，但从来都一无所获；
南箕星不会簸扬，北斗星甚至不能用来称油！
地上的匠人指责天匠徒有虚名，庸碌无能。
但诗人说：它们放光。

西　征

王西征于青鸟之所憩

这里，世界的中央帝国。这片为辛勤的
人民开放的大地。四海环抱的神州。
闭关的生活。利于公正、福祉与一统。
这里，人们坐立，躬身，致候咸宜名分。

这里，兄弟有别；一切透过
上天的孵化，安于品级。

那么，神妙的西域，山峦叠出云端；
飞檐的宫殿，清幽的寺院，
随风飘逸的塔群。
一切蔚为奇观，喜出望外又混乱不已；
当朝的西王母意欲无常；理性的
旅人从不贸然涉足。
正是那边，穆王凭借法术，早将他的
梦魂抛向那边，那恰是
他心仪已久的地方。
在离别帝国，追随灵魂的前夕，
他毅然从此西出。

谢阁兰是体察、研究中国文化最深的法国诗人。《古今碑录》的翻译者秦海鹰在译本序中对《古今碑录》有很精到的阐述，概述如下：

谢阁兰不仅是本世纪（指20世纪）首批来华的法国作家之一，而且是第一位真正懂中文、通汉学的西方诗人。像他这样大量而深入地研究、借鉴东方文化的西方诗人在文学史上实属罕见。他不仅丰富了法国文学的题材和形式，更为我们研究20世纪东西文化相互对话、相互补充、相互交融的总体趋势提供了具有先驱意义的例证。

谢阁兰出生在法国西部布雷斯特城一个正统而狭隘的天主教家庭。来华前，他仅在巴黎东方语言学校学习过一年汉语。来华后，在短短几年内就对四书五经、诸子百家、二十四史等中国古代文化要籍有了大致的了解，而随着汉学造诣的不断提高，他对华夏五千年文明的认识也日趋深入，并在道家、佛教、易学、阴阳五行说中找到了许多与自己思想共鸣的地方。

在中国文化的多方面熏陶和启示下，谢阁兰的文学创作进入最富于成果的阶段，其中《碑》是最能代表他文学成就的作品，是一本中西合璧的奇书，堪称中西文化交流史上的一方诗的纪念碑。

《碑》于1912年在北京出版，1914年出第二版。这是谢阁兰生前正式出版的唯一一本诗集，其装帧设计、纸张选择、版面编排都由他亲自监制。此书采用了中国传统的收录金石拓片的连缀册页形式，开本按西安著名石碑《大秦景教流行中国碑》的长宽比例缩小而成，木制封面上系着黄色丝带，刻有"古今碑录"四个隶字。另外，书中每首诗的右上角皆配有汉语题词，诗的四周还围以黑色边框。这庄严肃穆、精致典雅的设计如同一个立体的象形字，使人见书如见碑，形象地表现了诗人对"碑体诗"的追求。

谢阁兰来华之前从未写过诗，不过他早就设想过要创造一种最适合于他的篇幅短小、语言凝练、格调高雅的散文诗体。在中国旅行期间，尤其是参观了西安碑林之后，他被中国随处可见的碑碣深深地吸引住了。这位对艺术形式极其敏感的诗人终于发现自己梦寐以求的新诗体就潜藏在这些中国特有的石头文字中。

有限的空间和有限的文字，这还只是碑的表面形式。谢阁兰试图移植的最根本的东西还是碑的象征功能。在熔学术和诗意于一炉的《碑》的序言中，他以扎实的汉学修养对碑刻的起源、演变、体制、功能、语言风格等作了详尽的介绍。行文中，他的措辞一直模棱两可，一语双关，表面上是在说中国的碑，实际上是在论自己的诗。他以碑喻诗，以诗当碑，含蓄地概括了自己的创作宗旨和美学理想。

《碑》的整体结构极为讲究。全书共分六章，每章前依次写有"南面""北面""东面""西面""曲直""中"这几个行草体汉字。"南面之碑"是帝王篇，"北面之碑"是友谊篇，"东面之碑"是爱情篇，"西面之碑"是英烈篇，"路边之碑"是杂感篇，"中央之碑"是心灵篇，是南北东西各方的汇合点，是精神世界的"紫禁城"。诗人以道家的悖论方式表达了对不可企及的存在、不可表达的真理的探索，以及对无所不在的"无"和"空"的赞美。这些诗碑的坐向与中间石碑的坐向按五方（"路边之碑"是诗人独创的一个坐向，它是曲曲弯弯的道路，把五方连接为一个整体）划分世界并赋予各个方向以象征意义的做法，明显是受了先秦阴阳五行思想的启示。这种有关宇宙生成运作的古老思想以金、木、水、火、土五种元素为基准，把空间、时间、自然、人事等各项因素（五色、五音、五方、五味、五德、四时等）统一在一个普遍的对应体系中，为中国思想的天人感应说奠定了基础，也对中国人的时空想象习惯产生了很大影响。中国古人探索的大宇宙和谢阁兰这位西方诗人探索的小宇宙在这里巧妙地重叠在了一起。

从文本的角度看，《碑》最引人注目的特点无疑是它的双语性：全集六十四首诗篇篇都以汉语题词冠首。这些与拉丁字母大异其趣的方块字对于不懂它们的读者来讲是一种起着陌生化、神秘化作用的符号，而对于能同时阅读中法两种文字的读者来讲则具有更为复杂而奥妙的意指功能。它们对法文诗起着暗示、反衬、总结等互文作用，使我们在阅读中不停地往返于中法两种文字和文化之间，从它们的契合或冲突中去品味诗的真正含义。

与汉语题词所造成的外部氛围相呼应的是隐含在法文诗内的大量中国典故。它们非常庞杂，与汉语题词出处不尽相同，涉及我国文史古籍中记载的许多神话、传说、史实、人物、习俗、礼仪，其中有些是我国传统中比较固定和习见的，如穆王西征见西王母、姜嫄感天而生后稷、唐太宗论"三鉴"、韩愈谏迎佛骨、鲁阳挥戈返日、钟子期和俞伯牙、萧史和弄玉、夏桀和妹喜、儒家的五伦、道家的无为，而有些则相当生僻。这些典故不用说对法国读者是个难题，即使对中国读者也不都是显而易见的，况且诗人用典时很少直呼其名，直陈其事，这就更增加了识别和理解典故的难度。这些典故与法文诗的关系不外三种：一是相符，即法文诗对典故原义作了正面的发挥；二是相背，即法文诗对典故原义加以否定，反其道而用之；三是相左，即法文诗的发挥与典故原义风马牛不相及，完全超出了中国文化背景可能带来的理解。这最后一类关系最能见出谢阁兰作为西方诗人所具有的思维特点和美学兴趣。

法国谢阁兰研究专家布依耶先生认为中国对谢阁兰说来是一个巨大的隐喻，就是说中国是一个喻体、一个形式、一个托词，而谢阁兰个人的精神探索则是真正的本性、目的、实质。或者说，谢阁兰的"中国"写作，其实是"中华帝国"向"自我王国"的转移。因此，《碑》里的中国主要是古代的、神话的、精神的中国，是诗人从古籍和古迹中挖掘出来的想象的中国，而不是现实的中国。正因为如此，尽管《碑》从材料到形式都来自中国，但读起来并没有中国诗味儿，没有中国诗中常见的那种清新自然的情趣和意境，而更多的是明理和思辨。此外，《碑》的语言在一定程度上借鉴了古代汉语简洁、凝练的风格特点和句法特点，采用了大量的短句、省略句、并列句、排比句，并且常通过特殊的标点断句法使法文诗本来逻辑层次过强的复合句变成各自独立的单句，但这种句式的节奏效果和文体效果更接近中国古代散文，而不像中国古典诗歌。

"中国"虽然是谢阁兰有别于其他法国诗人的重要特色或标志，但说到底，他那种充满形上意味的创作旨趣是西方式的，他实际上仍是象征主义诗歌传统的继续。准确地讲，谢阁兰的真正价值并不是写了中国，而是在最大限度地吸收中国文化的同时，保持了他西方诗人的个性和追求。这种在广博的汉学知识基础上展开的自由想象，这种在深入了解中国文化精华的前提下进行的意义的转移，也许要比直接描写或客观介绍现实的中国更发人深省，更能揭示中西美学、哲学、诗学比较研究中的实质性问题。

七 中国圣贤与托尔斯泰

托尔斯泰给中国学者的两封回信

列夫·尼古拉耶维奇·托尔斯泰（1828—1910），俄国伟大的文学家、思想家，主要作品有长篇小说《战争与和平》《安娜·卡列尼娜》《复活》等，他的伟大作品和勿以暴力抗恶的托尔斯泰主义对世界产生了巨大的影响。

这位世界文学史、思想史上的伟大人物，与中国的往圣先贤有着非常紧密而内在的关联。这种关联的紧密与深刻，远远超过了歌德与中国文化的关联，也远远超过了雨果与中国文化的关联。

我们先看托尔斯泰给张庆桐和辜鸿铭的书信。

托尔斯泰给张庆桐的回信（节录）

尊敬的先生：

　　承蒙寄赠您的书，尤其是您的来信，给了我很大的快乐。在我整个长久的一生当中，曾有好几次同日本人交往，但从没有一次同中国人交往，也没有发生过联系，而这正是我一向非常想望的……

　　因为很久以来，我就相当熟悉中国的宗教学说和哲学（虽然，大概是非常不完全的，这对于一个欧洲人来说是常有的情形）；更不用说关于孔子、孟子、老子和对他们的著作的注疏。（被孟子驳斥了的墨翟的学说，更特别使我为之惊佩。我对于中国人民向来怀有深厚的敬意，这在极大的程度上，由于可怕的日俄战争的种种事件变得更坚强了。）

　　在这次战争当中，中国人民树建了极大的功勋，在这种功勋前面，不仅日本人的胜利变得毫不足道，而且把俄国和日本政府的全部狂妄和残暴的丑态也真实地光照了出来。

　　中国人民的功勋，在于指出了人民的高尚美德并不在于暴力和杀人，却在于不管一切的刺激、侮辱与灾难，远避一切怨恨，宁愿忍受加于他的一切暴力，而能坚持到底的忍耐精神。

　　中国人民在最近这次战争中，也正像在欧洲各伪基督教民族先前对他们卑鄙的侵袭时一样，虽然身受一切的残暴，却显示出他们要比那些基督教民族和俄国政府更深刻地贯彻着基督教的真正精神，或者更确切地说，贯彻着那个普遍的永恒的真理的意识，这个真理就是一切宗教的学说，同时也是基督教的基础（在这里我就想起您在来信中谈到的应把政府和人民加以区别的正确见解）。

　　我还没有拜读您的书，因为我刚刚收到它，但从您的来信加以判断，我怕我不会同意它的倾向。从您的来信看，您是赞同（我想在书里也是一样）中国的国家社会制度的改革的。改革就意味着成长、发展、完善，是不能不表示同情的。但是改革只是模仿，把一些形式输进中国，那是一个最大的和致命的错误……中国人，也正像所有的人一样，应该发展自己的精神力量，而不是发展技术上的完善。精神的力量被歪曲了，技术上的完善只会起破坏作用。

改革必须从一个民族的本质中生长出来，而且应该是一些新的、同其他民族完全不相像的形式。中国常常被人责备为顽固保守，如果把它同基督教世界得到的一些结果相比较，它比基督教世界所处的充满仇恨、刺激和永不停止的斗争的情形要好上千百倍。

托尔斯泰给辜鸿铭的回信（节录）

亲爱的先生：

中国人的生活常引起我的兴趣到最高点；我曾竭力要知道我所懂得的一切，尤其是中国人的宗教智慧的宝藏：孔子、老子、孟子的著作，以及关于他们的评注。我也曾调查过中国的佛教状况，并且我读过欧洲人关于中国的著作。

但是，晚近以来，在欧洲——尤其是俄国——对于中国实行种种的横暴的举动之后，于是中国人民思想的普遍趋向，特别引起我的注意——它永远引起我的注意。

中国人民曾受了欧洲民族的贪婪的残暴、蛮横，和不道德的许多痛苦，直到现在，他们总拿着一种庄严的、有见识的 Stoicisme——宁愿忍受暴力，不愿反抗它——对付这一切的暴力。

这个伟大的、众庶的中华民族的镇静和忍耐反使欧洲民族的傲慢增加了，这在那班过纯兽性生活的自私的人们那里可以看得到的——这个竟发现于中国人要对付的欧洲人身上。

中国人民过去以及将来还要遭受的折磨确是重大,但是,正在这个时候,中国人民不应当把忍耐心失了,不应把对于压迫者的态度改变了,俾不致自己使这个对于暴力的退让——不以恶报恶——所造成的伟大的结果濒于危险。

……

我现在从你的书里知道好战的思想——想用武力把欧洲民族的横暴的举动打退——在中国觉醒了,我自己非常焦虑,就是这个缘故。

……

我相信在我们这个时代,人类的生活要起一种大的变化,我并且相信在这个变化中,中国将领导着东方民族扮演重要的角色。

照我看来,东方民族的中国人、波斯人、土耳其人、印度人、俄罗斯人,也许日本人——如果他们还不曾完全被欧洲的腐烂的文明的罗网捕住了——他们的职责是要把自由的新路径指示给世界,这条新路,在中国的语言里面,只有一个"道"字代表它,"道"就是说,和人类的永久的法则相符合的生活……

可是从你的信里,及从别的方面得来的消息,我知道一般轻率从事的人们——即所谓"改良派"者是也——相信中国应当模仿西洋国家做过的事情,换言之,拿宪法代替军人专制,创设和西方一样的军队,以及振兴实业。从表面上看起来,这个结论似乎是十分简单,而且自然的,但是实际上它不但是很轻率的,并且是愚蠢的——就我对于中国的认识说起来——对于有见识的中国人是不适宜的。如果学着欧洲民族的模样,草创一部宪法,设置军队,也许甚至厉行强迫的征兵制度,并创办实业,这就是否定中国人生活的一切基础，否认他们的过去，他们的淡泊的、宁静的农民生活，把真生命唯一的路径——"道"——舍弃了，不但对中国，也是对全人类。

中国人不应当模仿西方民族，这个模样宁可给他们当一种警告，使他们不致陷入同样的绝境。

西方民族所做的事情应当给东方人做榜样！并不是应做的事情，却是无论如何要避免的事情的榜样。

欧洲人的一切吞并和盗窃所以能成功，就是因为有一个政府存在，对于这个政府，你们承认做它的臣民。如果一旦中国没有政府，外国人就不能施行他们的掠夺政策，借国际的关系为口实。如果你们不听命于你们的政府，如果你们不帮着列强压迫你们，如果你们拒绝替他们的机关——私人的、国家的或军队的——服务，你们现在所受的痛苦就会消灭了。

……

如果——纵使仅做到最低限度——中国人像直到现在似的继续过他们的宁静的、勤劳的农民生活，并且使自己的行为不违背孔、道、佛三教的意义——他们的基本原则是相符合的，不受人们的武力束缚（道教）；己所不欲，勿施于人（孔教）；牺牲、退让、对人类和一切生物的爱（佛教）；如果中国人这样做，他们现在所受的痛苦自会消灭，将来世界上没有一个强国能够把他们屈服。

中国人以及一切东方的民族现在所担负的工作，依我看起来，不仅把他们自己从他们的政府及外国人加于他们身上的痛苦里面解救出来，并且还要把这个过渡时代——他们都在那里，没有例外——的出路指示给一切民族。

但是，除了不受人力的束缚，及对于上帝的势力的屈服，没有——并且不能有别的出路。

托尔斯泰一生给两位中国人写过信,一位是中国在俄国的留学生张庆桐,一位是辜鸿铭。

1905年12月,在圣彼得堡留学的张庆桐给托尔斯泰写了一封信,并寄了他自己翻译的梁启超的著作《李鸿章》。很快,张庆桐收到托尔斯泰的这封回信。

1906年3月,为弘扬中国文化在海外已出版多种著作,得到法国作家罗曼·罗兰、英国作家毛姆等高度评价,产生了广泛的国际影响的中国学者辜鸿铭,将自己用英文写的《当今,皇上们,请深思!论俄日战争道义上的原因》和《尊王篇》两部著作,通过俄国驻上海总领事勃罗江斯基转赠给托尔斯泰。托尔斯泰收到辜氏著作后,先请秘书复信致谢,并让好友切尔特科夫把他在国外出版的违禁作品邮寄回赠辜氏;后又于同年10月写了一封公开的复信,题为《致一个中国人的信》,先后用德文和法文发表在德国的《新自由报》和法国的《欧罗巴邮报》上,同时还在俄国发表,引起了很大的反响。《世界周刊》等英文报刊进行了转载。1907年,中国著名学者刘师培翻译此信,在自己主持的《天义报》第16、第17、第18、第19期上连载。

托尔斯泰主义:勿以暴力抗恶

从托尔斯泰给张庆桐和辜鸿铭的回信中可以读出,他非常热爱中国文化,对中国文化有非常深刻的理解与把握。并且,他试图用中国文化向中国、向世界阐明自己的思想:托尔斯泰主义——勿以暴力抗恶!

托尔斯泰希望中国勿以暴力抗恶,就是希望中国不要用武力去反抗帝国主义的侵略。当然,这只是托尔斯泰的一厢情愿。中国人民一百多年的近代史、现代史早已证明,是中国人民不屈不挠的反抗,才换来今天这样的自主而安宁的生活。

还有一个事例,也能说明托尔斯泰的勿以暴力抗恶思想在当时同现实生活是怎样的格格不入。"就在他生命的最后一年的一天,当他同朋友们坐在一起时,有一封信送到他手里。他拆开信封,读到以下内容:'不,列夫·尼古拉耶维奇,我不同意您所说的人类关系只需要通过爱来改善。除了从小受到百般呵护、不愁温饱的人之外,谁都不会说这种话。对于那些从小挨饿,一辈子都在暴君的压迫之下呻吟的人们,您又该说些什么呢?他们要战争,他们要设法摆脱奴隶状态。在您去世的前夜,列夫·尼古拉耶维奇,我告诉您,世界将再次血流成河,财主们,不分男女老幼,他们将一再地遭到屠杀,碎尸万段,世界将再也不容他们造孽为害。我很抱歉,您不能活到那一天了,否则,您就可以亲眼看到那个见证,从而承认您说错了。我祝您死得平平安安。'""据说,他在读信时脸色阴沉,当他把信拿到自己房间时,他若有所思,精神上产生了不良的预感。"[1]

但托尔斯泰的勿以暴力抗恶思想在世界上也确实产生过很大的影响,并且至今还在产生将来也一定会产生很大的影响。

---

[1] 茨威格:《三作家》,安徽文艺出版社2013年版,第162页。

托尔斯泰思想与中国圣贤思想的关系

关于托尔斯泰主义——勿以暴力抗恶思想的评价，不是本书关注的内容，这里不再展开。这里想从托尔斯泰这一思想产生的角度，看一看中国圣贤思想与托尔斯泰思想的关系。

托尔斯泰除了对现实的无情批判以外，还热切宣扬悔罪、拯救灵魂、禁欲主义、勿以暴力抗恶、道德自我完善等观点，宣扬一种属于托尔斯泰自己的宗教博爱思想。人们将托尔斯泰的这种思想称为托尔斯泰主义。

一般都觉得托尔斯泰主义源于《圣经》文化，源于俄罗斯文化，但这种说法是不全面的。托尔斯泰主义的产生，与中国的往圣先贤也颇有关联。

19世纪70年代末80年代初，托尔斯泰否定贵族阶级的生活，站到农民的一边。在《忏悔录》（1879—1880）和《我的信仰是什么?》（1882—1884）等论文里，他广泛阐述自己思想转变的过程，对富裕而有教养的阶级的生活及其基础——土地私有制表示强烈的否定，对国家和教会进行猛烈的抨击。从此托尔斯泰厌弃贵族生活，不时从事体力劳动，自己耕地、缝鞋，为农民盖房子，摒绝奢侈，持斋吃素。他也改变了文艺观，把创作重点转移到论文和政论上去，以直接宣传自己的社会、哲学、宗教观点，揭露地主资产阶级社会的各种罪恶。他还从事广泛的社会活动：访问贫民窟，参加1882年莫斯科人口调查，深入了解城市下层生活；请求赦免行刺亚历山大二世的革命者；创办媒介出版社，以印行接近托尔斯泰学说的书籍；给《俄国新闻》和《新时代》编辑部写信，声明放弃1881年后自己写的作品的版权；组织赈济受灾农民的活动。

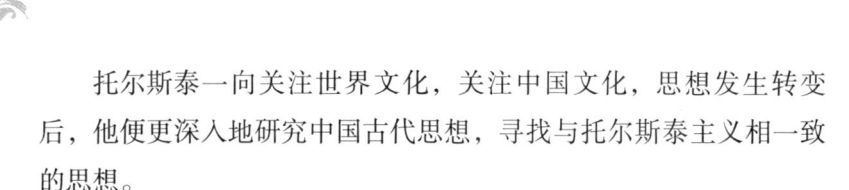

托尔斯泰一向关注世界文化，关注中国文化，思想发生转变后，他便更深入地研究中国古代思想，寻找与托尔斯泰主义相一致的思想。

托尔斯泰最早接触和研究的中国思想家是老子。他于 1877 年接触《道德经》，约于 19 世纪 80 年代初期开始着手研究。1884 年 3 月他写信给朋友兼出版人切尔特科夫说："我在钻研几位中国圣哲，真想告诉您和大家这些书给我带来的精神上的好处。"之后他写了三篇论中国古代思想家的文章（草稿或未完成稿）：《中国贤人老子所著的道德经》《孔夫子的著作》和《伟大的学说》。1893 年秋天，托尔斯泰与叶·波波夫合作，将德文本《道德经》译成俄文。当年 9 月 2 日他在给妻子的信中说："我和波波夫在反复阅读和校订思想极为深刻的作家老子的著作和译文，我每一次都是怀着欢乐和紧张的心情专注地思考和竭尽全力去翻译。" 1895 年 11 月，托尔斯泰得悉在俄国做访问学者的日本京都大学教授小西氏正将中文本《道德经》译成俄文，便约见小西氏。为了保证俄译文的准确性，他表示愿根据英、法、德译本来校订，结果花了四个月的时间校订译文，并将小西氏的译本推荐到《哲学和心理学问题》杂志 1909 年第 23 卷上发表。

随着研究的深入，托尔斯泰对《道德经》越来越痴迷。他在 1903 年至 1910 年自己编辑出版的《每日贤人语录》《阅读园地》《生活的道路》等小册子中，多次收入自己翻译的老子语录。1910 年，托尔斯泰去世的前几个月，他亲自精选、翻译的小册子《中国贤人老子语录》由媒介出版社出版，收录老子语录 64 条，前面还附了他评价老子学说的短文《论老子学说的真髓》，封面上印有老子骑青牛的图画。

托尔斯泰对《道德经》中关于"道""无为"以及事物相互依存、相互转化的辩证思想非常感兴趣。他在《论老子学说的真髓》一文中说:"老子学说的基础与所有其他真正伟大的宗教学说的基础是同样的。它认为……为肉体而活着的人,他的生活是不幸的,因为肉体会痛苦、患病和死亡。为灵魂而活着的人,他的生活是幸福的,因为灵魂不会痛苦、患病和死亡。因此,人若要避免不幸,要生活得幸福,就必须学会不为肉体、为灵魂而生活……为了到达这样的境界,即意识到自己是为灵魂的、属于上帝的,照老子的说法只有一条途径,他称之为'道',其中包括对于至善的认识。老子学说的真髓也就是基督教的真髓。"他在1893年一封给德·希尔科夫的信中说:"外表的忙碌的活动对生命的真正运动来说不仅是不必要的,而且是有害的……您读过老子吗?他有一些惊人的篇章论述了他所提出的这种最高的德行,即'无为'……老子直截了当地指出,世上一切恶都来源于'有为',来源于人们对自己和别人的虚假的善的关切。"1903年,托尔斯泰写了近两万字的专题文章《无为》。他写道:"按照老子的理论,人类的一切灾祸之所以产生,不是因为他们没有做那些需要做的事,而是他们做了那些不需要做的事情,人们如果能做到无为的话,就能避免一切个人的,尤其是社会的灾祸(老子指的主要是后者)……我认为,老子是完全正确的。"他在1884年2月的一篇日记中写道:"摘自老子,人之生也柔弱,其死也坚强。万物草木之生也柔脆,其死也枯槁。故坚强者死之徒,柔弱者生之徒。"他还从弱能胜强这一思想生发开去,引向不以暴力抗恶的结论。他在1884年3月10日的日记中写道:"事物应该是这样的,诚如老子所说的,水,没有障碍则流;遇到堤坝,则停。堤坝溃决,它再流。在矩形的容器里,它是矩形的;

在圆形的容器里，它是圆形的。因此比任何东西都强大有力。"弱的水用顺从和不抵抗的方法来对付强大的东西，最后反而能取胜。托尔斯泰在这儿强调的也就是他主张的不以暴力抗恶。

托尔斯泰研究老子的同时也开始研究孔子。他在1884年写的《伟大的学说》一文中说：孔子很重要的一个思想就是"从帝王到庶民都有一个责任：修养自己，改善自己，换言之即自我完善"。他在1900年11月12日的日记中写道："圣贤（指孔子）教导人们要至善，要返璞归真并保持朴真。要想获得至高的幸福，必须全民安乐；要全民安乐，必须家庭安乐；要家庭安乐，必须本人安乐；要本人安乐，必须修心改性；要修心改性，必须觉悟；要觉悟，必须充分认识，而要认识就必须研究自己。"在托尔斯泰看来，孔子早在两千多年前所阐述的仁的思想与他自己关于道德自我完成的思想是完全一致的。

托尔斯泰还将孔子的中庸原则与老子的无为思想联系起来思考，他在1884年和1901年的两篇日记中这样记述他对中庸的理解："孔子的中庸学说是惊人的，与老子的思想一样，就是遵循自然的规律。""一个人，只有当他不受强烈的感情和外部印象的影响时⋯⋯当他处于平衡状态时，他才可能认识自己⋯⋯内在的平衡是人类一切善行所赖以产生的根源；和谐也是人类一切活动的普遍规律。人只有求得平衡与和谐，世界才能出现良好的秩序，万物才能繁荣昌盛。"

托尔斯泰对孔子充满尊崇，他在1900年11月14日的日记中写道："钻研孔子，其他一切都显得微不足道了。"1910年，保·布朗热编辑的《孔子，他的生平和学说》一书由媒介出版社出版，托尔斯泰对全书作了仔细校订，书的封面上也印有"列·尼·托尔斯泰校订"的字样。托尔斯泰还为该书写了一篇题为"中国圣贤学说概略"的序言。

托尔斯泰还研究过孟子和墨子。他在自己编辑的《读者园地》等小册子中评述过孟子的仁政与养心说等思想,他非常赞同墨子的兼爱学说,亲自校订布朗热写的《墨子:中国哲学家》,并促成该书于1910年出版。

从上面所引托尔斯泰对老子、孔子等的阐述可以看到,托尔斯泰是用自己的方法理解和吸收中国先贤的思想,以巩固和完善他的道德自我完成、不以暴力抗恶为中心的思想体系。

《复活》渗入了中国思想

研究托尔斯泰与中国文化关系的文章还有许多。一般认为,托尔斯泰在思想"激变"后,特别是随着他对中国圣贤老子、孔子、孟子、墨子的研究更加深入以后,他或者以东方思想作为自己思想的一种支撑,或在作品中渗入东方思想,如他晚年的重要作品《复活》就较多地渗入了东方思想。

研究者认为,托尔斯泰的道德自我完善与儒家的内在超越在很大程度上达到了一致。彭松在《托尔斯泰的道德理想和儒家学说》[①] 中指出:基督教经典的原罪说认为人类与生俱来就背负着深重的罪孽,人性是不完善的,充满了罪恶,因而人类无力自救。为了拯救人类,耶稣通过自己的牺牲为人类指示了信仰之路,因此人类只有皈依基督信仰走"因信称义"的路,依靠耶稣才能得到救

---

① 彭松:《托尔斯泰的道德理想和儒家学说》,《兰州学刊》,2007年第9期。

赎。基督教相信恶不是用意识、理性所能战胜的，它极深地埋藏在人性之中。人的理性是堕落的理性，战胜恶，需要救赎的神秘奇迹。因而基督教根本否认人类有自我完善的可能，人总是有缺陷的，只有上帝才是完善的。对于这套基督教义，托尔斯泰抱持着根本的怀疑，他怀疑人无法自救的观点，认为人类不需要救赎者和救世主，凭自身的理性的"爱"的能力和道德反省的精神就可以不断自我完善，他把恶看作只是理性未启和良知失落的状态，而不是人性无法克服的本质。托尔斯泰认为人身上具有神性的根苗，这就是人的道德良知，所以说："天国在你们心中。"托尔斯泰的名著《复活》深刻地描写了善与恶在人心中的激烈搏斗，主人公聂赫留道夫通过道德反省最终实现了灵魂复活。《复活》所演绎的道德追悔、良知醒悟的精神复活过程中排除了基督教的神秘奇迹，而鲜活地表达了托尔斯泰所主张的启发人心中的道德良知，通过艰苦的道德反省而清除罪恶，获得新生，最终走向上帝的生命自我净化过程。这就是一条内在的精神提升之路，依靠的是人的自力提升，而不是外在的拯救。这种道德理想的实现途径与中国儒家文化所宣扬的"为仁由己"的内在超越之路有着深刻的共同性。儒家认为，人要成就自己的道德本体，要"体万物之仁""与天地同化"，根本的途径就是"不假外求"，只需"反身而诚"，进行道德心性的修养，"求其放心"就可以寻回内心中的道德根性，通过修身能使人真正达到心性合一，使人心与天道同一。这样就构成了儒家特色的内在超越之路，而且儒家相信这条内在超越之路对于每一个人都是敞开的，只要真心诚意地去践履，每个人都能体认道德本根，都能成就道德主体，也就是所谓的"人皆可以成尧舜"。由此不难看出，托尔斯泰道德理想实现的根本途径，启发人内在的道德理性，通过道德反省和精神忏悔，寻回个体的良知，实现道德自我完善，与儒家的由内而外，修心性以知天命的理路是相通的。

有研究认为，《复活》有着较浓的中国文化的影子。吴泽霖在《中国文化视野和托尔斯泰经典的重读》[①]一文中指出：在这以基督教的关键词"复活"命名的故事中，缺乏的恰恰是基督教文化的情节内涵：讲述的不是基督教式的通过罪与罚的炼狱、蒙受神恩救赎而复活，而是中国人非常能够理解的良心发现和弃恶从善。基督教的复活变成了中国人的"复性"[②]，动物的人变回为精神的人的比喻，也就是孟子的所谓"求放心"[③]的比喻。如果问聂赫留道夫这漫长的奔波寻求的是什么，我们说，他寻求的不是外在的上帝、救世主，他寻求的是找回心中的上帝。或者说，他就是在"求放心"——在寻求每一个人天生固有，而他不幸丢失了的善良之心，而他也找到了那颗失落的心。

通过这位自传性主人公的经历，托尔斯泰几乎是现身说法地为人类社会开出了救济之方。这不是一种靠神恩和救赎的复活之路，而是一条中国人所走的自力提升、内在超越的道路，达到天人合一式的"复活"，人道与天道恢复和谐关系的"复活"，人求回了放心的"复活"。中国对这部小说的译介非常积极，多次将其改编成电影、话剧。其中包笑天剧本以《良心复活》为名，马君武译本以《心狱》为名，都把注意力放在中国人注重的"心"上。由此可见

[①] 吴泽霖：《中国文化视野和托尔斯泰经典的重读》，《黑龙江社会科学》2008年第3期。

[②] 复性：恢复本性之善。

[③] 放心：丢失的善心。

国人对《复活》的理解。而关键在于,这种理解并非误读,而恰恰是托尔斯泰的本意。人们批评《复活》以《圣经》说教结尾的无力,原因之一正是在于,上帝的谆谆告诫,没有也无法投入到整个复活过程的运作之中,所以显得那么游离而无力。因为在这一良心复活的过程中,运行的不是基督教上帝的惩戒——救赎——复活之道,而是人心天意相求相融的中国式的天道。聂赫留道夫历览了黑暗俄国的种种丑恶,不是去改造这个社会,而是去反观自己,改造自己。就在这"求放心"的精神求索中,生命之流向着完善前行,这就是托尔斯泰理解的生命之道。托尔斯泰认定,"为了自我内在的完善,是不能够祈祷的。因为我们已被赋予了我们完善自我所需的一切,为此,什么也不需要再添增,什么也不可能再添增"。他说,"我们所需的一切皆在我们手边","在我们的精神世界里,我们需要的一切都被给予了,我们需要的只是自己去做"。这也正是孟子说的"万物皆备于我,反身而诚"。

在《复活》中,托尔斯泰借那个头发蓬松的流浪老人诉说着自己的真理:"信仰有许多种,灵魂却只有一个。你也有,我也有,他也有。那么各人只要相信各人的灵魂,大家就会联合起来了。人人保持住自己的原来的面目,大家就合成一个人了。"最终,聂赫留道夫从动物的人中苏醒,毅然走向新的人生:"我要生活,我要家庭和儿女,我要过人的生活!"托尔斯泰打算写的"《复活》的续篇"正是"聂赫留道夫的农民生活。大自然深深地感动着我,草场,森林,庄稼,耕地"……他正在一步步走向东方,走近中国古典文化思想!

托尔斯泰曾在1884年3月29日的日记中写道:"如果没有孔子和老子,《福音书》是不完整的,而没有《福音书》,于孔子则无损。"托尔斯泰热爱中国的往圣先贤,从某种程度上说,中国的往圣先贤也引领着托尔斯泰的思考。因此,他后期的作品自然会有中国文化的印记,尤其是晚年的作品。当他与中国人直接通信时,就更是不自觉地以中国文化来阐释自己的思想,并极言中国人应当走中国传统文化之路,甚至将这样的路看成世界各民族的共同之路。因此,他期待中国人走出这样的路,并"指示给一切民族"就不足为奇了。

八 中国文化与卡夫卡

卡夫卡是20世纪最伟大的作家之一

弗兰兹·卡夫卡(1883—1924),是一位出生在奥匈帝国时期的布拉格,用德语写作的犹太作家。他小学、中学在德语学校就读,23岁在布拉格德语大学获法学博士学位。卡夫卡中学时尝试写作。1902年至1912年属于其早期写作时期,有一部散文小说集《观察》(收作品18篇),还有一部未完成的小说《乡村婚礼筹备》。1912年属于其创作爆发期,代表作之一《变形记》和《判决》完成于此时。其他重要作品如三部未完成的长篇——《失踪者》(又译为《美国》)、《诉讼》(又译为《审判》)、《城堡》以及一些著名的短篇,均为后12年所写。此外,卡夫卡还写有大量的书信(他写给女友菲莉斯的信有500多封,达25万字,被认为是卡夫卡唯一的一部真正完成的长篇小说)。

卡夫卡生前默默无闻,发表的作品很少。他的多数作品(包括三部未完成的长篇）都是他去世后由他的好友布罗德编辑出版的。卡夫卡的价值随着他的作品的出版，也逐渐为人们所认识。

《观察》第一版总共印了800册，五年后还有一大半积压在仓库里。在布拉格的一家著名书店里，几年间一共卖出去11册。卡夫卡说，他很想知道是谁买走了第11册，其中10册他知道买主，那是他自己。

卡夫卡去世后，人类经历了第二次世界大战。经历了一场大劫的世界，特别是欧洲，开始逐步认识卡夫卡的意义。随着布罗德新编的九卷本《卡夫卡文集》于1950年出版，"卡夫卡热"很快吹遍西方世界。这以后，卡夫卡成了世界上最有影响力的作家。

像黑塞（德国）、加缪（法国）、博尔赫斯（阿根廷）、纳博科夫（美国）、昆德拉（捷克）、奥登（英国）等这些大作家都对卡夫卡给予了极高的评价。博尔赫斯说："最初我认为卡夫卡是文坛前所未有、独一无二的；多看了他的作品之后，我觉得在不同的国家、不同的时代的文学作品中辨出了他的声音，或者说，他的习惯。"①

同样，像德里达（德国）、本雅明（德国）、布鲁姆（美国）等当代思想界的大家也都对卡夫卡作了极高的评价。布鲁姆说："卡夫卡对我们人类的命运（在21世纪中显现的命运）所说的一切是任何社会学和政治学的思考所没有说出的。"②

布罗德在《卡夫卡传》中这样表述卡夫卡在今天的意义："今天人们几乎不会打开一期德国的、法国的、英国的、美国的或意大

---

① 博尔赫斯：《巴比伦彩票》，云南人民出版社1993年版，第252页。
② 布鲁姆：《西方正典》，译林出版社2005年版，第360页。

利的杂志而碰不到这个名字。"①

很多教科书中,都将卡夫卡与乔伊斯、普鲁斯特并列为20世纪三位最伟大的作家。

由于种种原因,卡夫卡在中国的影响来得比较晚。中国大陆1980年代开始陆续出版卡夫卡的作品。莫言、余华、格非、马原等一批小说家都受到他较大的影响。莫言在谈到影响自己的10部小说时,说卡夫卡的《乡村医生》所具有的"独特的腔调"给了自己营养,并说这是一篇"最为典型的'仿梦小说',也许他写的就是他的一个梦。他的绝大多数作品,都像梦境。梦人人会做,但能把小说写得如此像梦的,大概只有他一人"。②

卡夫卡与中国文化的深刻关联

如果从文化传播与影响的角度看,作为20世纪最伟大作家之一的卡夫卡,是同中国文化关联最深刻的作家,这种深刻性超过了歌德、雨果、托尔斯泰与中国文化的内在关联。所以,诺贝尔文学奖获得者卡内蒂说:"无论如何,根据卡夫卡某些故事的特点,他属于中国文学编年史的范围。从18世纪以来,欧洲作家经常采用中国主题。但是,在西方世界的作家中,本质上属于中国的唯有卡夫卡。"

1916年5月中旬,33岁的卡夫卡受到头疼与失眠困扰,到玛

---

① 布罗德:《灰色的寒鸦——卡夫卡传》,北京十月文艺出版社2010年版,第214页。

② 莫言:《锁孔里的房间——影响我的10部短篇小说》,新世纪出版社1999年版,第7页。

丽恩温泉疗养。在寄给女友菲莉斯的一张明信片上，他写下了这样的话："我想，如果我是一个中国人，而且马上坐车回家的话（其实我是中国人，也马上能坐车回家），那么今后我必须强求重新回到这儿。你一定会喜欢这儿的！"

卡夫卡"做一个中国人"的愿望是在他阅读中国作品的基础上建立起来的。卡夫卡阅读过汉斯·海尔曼编译的《中国抒情诗》（全名《公元前12世纪以来的中国抒情诗》）、马丁·布伯编译的《中国鬼怪和爱情故事》、卫礼贤翻译的《中国民间故事集》、弗歇尔编写的《中国风光》、培尔琴斯基编写的《中国神祇》以及耶那的迪得里希斯出版社出版的中国古代哲学、宗教方面的著作。

古斯塔夫·雅诺施的《卡夫卡谈话录》曾有这样的记载：

卡夫卡博士不仅钦佩古老的中国绘画和木刻艺术；他读过德国汉学家理查德·威廉·青岛翻译的中国古代哲学和宗教书籍，这些书里的成语、比喻和风趣的故事也让他着迷。

有一次，他把老子的《道德经》的第一本捷文译本带到保险公司，就这个机会，我发现了卡夫卡对中国的兴趣。卡夫卡饶有兴趣地翻阅了一会儿纸张很差的书，然后把它放到桌子上说："我深入地、长时间地研读过道家学说，只要有译本，我都看了。耶那的迪得里希斯出版社出版的这方面的所有德文译本我差不多都有。"

为了证明这一点，他打开办公桌上的抽屉，从里头拿出五本有黑色装饰图案的精装书籍，放到我面前的桌子上。

我一本一本拿起这些书：孔子《论语》，《中庸》，老子《道德经》，《列子》，庄子《南华经》。

我把这些书放回桌子上，说："这是一笔巨大的财富。"

"是的,"卡夫卡博士点头,"德国人做事很认真。无论什么,他们都要把它办成博物馆。这五本书只是整个文库的一半。"

"其他五本您以后还会得到?"

"不,这几本就够了。这是一个大海,人们很容易在这大海里沉没。在孔子的《论语》里,人们还站在坚实的大地上,但到后来,书里面的东西越来越虚无缥缈,不可捉摸。老子的格言是坚硬的核桃,我被它们陶醉了,但是它们的核心对我却依然紧锁着。我反复读了好多遍。然后我却发现,就像小孩玩彩色玻璃球那样,我让这些格言从一个思想角落滑到另一个思想角落,而丝毫没有前进,通过这些格言玻璃球,我其实只发现我的思想槽非常浅,无法包容老子的玻璃球。这是令人沮丧的发现,于是我就停止了玻璃球游戏。这些书中,只有一本我算马马虎虎读懂了,这就是《南华经》。"

卡夫卡拿起署有庄子名字的书,翻了一会儿说:"有几段我画了线,比如这儿:'不以生生死,不以死死生,生死有待邪?皆有所一体。'① 我想,这是一切宗教和人生哲理的根本问题、首要问题。这里重要的问题是把握事物和时间的内在关联,认识自身,深入自己的形成与消亡过程。这里,再下面几行,我画了整整一段。"

他把打开的书递给我,书翻在167页,他用铅笔画了四道线,框住了下面这段话:"古之人,外化而内不化;今之人,内化而外不化。与物化者,一不化者也。安化安不化,安与之相靡,必与之莫多。狶韦氏之囿,黄帝之圃,有虞氏之宫,汤武之室。君子之

---

① 见《庄子·知北游》。大意为:不会为了生而使死者复生,不会为了死而使生者死去。人的死和生相互有所依赖吗?其实全存在一个整体中。

人，若儒墨者师，故以是非相也，而况今人乎！圣人处物不伤物。"①

我把打开的书递给卡夫卡博士，看着他，期待他做一番评论。他却无言地合上书，把它和其他书一起放入办公室的抽屉里，于是我压低声音说："我不懂这段话。老实说，这些话对我太深了。"

卡夫卡愣了会儿。他稍稍歪着头，静静地看了我片刻，然后慢慢地说："这是正常的。真理总是深渊。就像在游泳学校那样，人们必须敢于从狭窄的日常生活经验的摇晃的跳板上往下跳，沉到水底，然后为了边笑边呼吸空气，又浮到现在显得加倍明亮的事物的表面。"

卡夫卡博士像幸福的夏日垂钓者那样露出笑容。

卡夫卡的箴言中有这么一段："你没有走出屋子的必要。你就坐在你的桌旁倾听吧。甚至倾听也不必，仅仅等待就行。甚至等待也不必，保持完全的安静和孤独好了。这世界将会在你面前蜕去外壳，它不会别的，它将飘飘然地在你面前扭动。"这段话与《老子》第四十七章一段话非常相似："不出户，知天下；不窥牖，见天道。其出弥远，其知弥近。是以圣人不行而知，不见而名，不为

---

① 见《庄子·知北游》。大意为：古时候的人，外表适应环境变化但内心世界却持守空寂；现在的人，内心世界不能持守空寂而外表又不能适应环境的变化。随应外物变化的人，必定内心纯一空寂而不离散游移。对于变化与不变化都能安然听任，安闲自得地跟外在环境相顺应，必定会与外物一道变化而不有所偏移。狶韦氏的苑囿，黄帝的果林，虞舜的宫室，商汤、周武王的房舍，都是他们养心任物的好处所。那些称作君子的人，如像儒家、墨家之流，以是非好坏来相互诋毁，何况现时的人呢！圣人与外物相处却不损伤外物。

而成。"是卡夫卡受《老子》的启示写下了他的这句箴言呢，还是他自己对人生的顿悟而成为了东方的"圣人"？我们不得而知。

卡夫卡对中国的极大兴趣，还表现在他向别人推介中国。他将卫礼贤翻译的《中国民间故事集》送给他最喜欢的妹妹奥特拉，向她推荐的三位值得一读的文学家中就有李白。

以中国题材创作作品

卡夫卡的作品中，《一次战斗纪实》《中国长城建造时》《往事一页》《中国人来访》这几篇是以中国题材创作的。不妨引录一篇。

往事一页

看来，我们祖国的防御工作似乎严重地被忽视了。迄今为止，我们对此漠不关心，只埋头于我们的工作；最近发生的事件却使我们忧心忡忡。

我在皇宫前的广场上开了一个鞋匠店。黎明时分，我刚推开店门，就看到武装的士兵占领了所有通向广场的胡同口。但这不是我们的士兵，而分明是来自北方的游牧民族。我不明白，首都与边疆相隔很远，他们怎么会一直推进到了首都。总之，他们已经到了这儿；看来，每天早晨，他们的人数还会增多。依照自己的习性，他们在露天下安营扎寨，因为他们讨厌住房。他们忙于磨剑，削尖箭矢，练习骑术。他们把这宁静、总是那么小心翼翼地保持着清洁的广场变成了一个货真价实的马厩。有时，我们从店里跑出来，试图至少把最令人恶心的垃圾清扫掉，可是这种情况越来越少了，因为这种努力是徒劳的，还会使我们遭受被野马踢伤或被皮鞭抽打的危险。

和游牧民族交谈是不可能的。他们不懂我们的语言，他们甚至几乎没有自己的语言。他们像寒鸦一样互相表达自己的意思。我总是听到他们像寒鸦一样的聒噪声。我们的生活方式，我们的公共设施，他们同样无法理解，而且毫不在意。所以，他们也对任何的手势语表现出不屑一顾的态度。哪怕你扭伤了颈骨，把手旋转得脱了臼，他们仍旧不明白你的意思，而且永远也不会明白你的意思。他们常常扮鬼脸；随后又是翻白眼，又是吐泡沫，但是他们这样做，既不想说点什么，也不想吓唬人；他们之所以这样做，完全是一种习惯。他们需要什么，就拿什么。你还不能说他们采用了武力。他们动手抓取的时候，你只好走到一边，任凭他们为所欲为。

从我们的库存中，他们也拿去了不少好的鞋子。可是，每当我看到例如对门那位肉店老板的遭遇，我对自己的不幸不会感到抱怨。他刚刚运进一些货，就被一抢而空，被这些游牧民族吞食下肚。他们的马也吃肉；经常是一个骑兵躺在他的马旁边，双双共享同一块肉，各咬一端。这个屠夫胆小怕事，不敢停止供肉。我们可是明白他的处境，集资援助他。要是这些游牧民族得不到肉，天晓得他们会想出什么办法对付他；就算他们每天都得到肉，天晓得他们还会想出什么样的点子。前不久，肉店老板想，他至少可以免去屠宰时的辛苦，便于某天早上牵来了一头活的公牛。这事他不该再做了。大约一个小时的时间，我平躺在远离他店铺的我的作坊的地板上，把我所有的衣服、被单、垫褥一股脑儿堆在身上，只是为了不要听见那头公牛的吼叫声，原来那些游牧人从四面八方向它扑去，用牙齿一块一块地撕吃它那温热的肉。长时间的寂静之后，我才壮着胆子走了出去；他们像一群围着酒桶的酒徒，精疲力竭地躺倒在这头公牛的残骸周围。

就在那时，我以为自己看到了皇帝本人站在皇宫的一扇窗户后面；平时，他从不到宫殿的这些外部的房间，他总是生活在最里面的花园中；然而这一次，至少我是这样感觉，他却站在一扇窗户旁边，正低头看着宫前发生的事情。

"这样下去会有什么结果？"我们大家不约而同地问道，"这种负担和折磨，我们还能忍耐多久？皇帝的宫殿招引了这些游牧人，但他却没有办法把他们赶走。宫门一直关闭着；往常总是壮观地进出宫门的卫队，眼下全都待在装了铁栅的窗户后边。拯救祖国的重任托付给了我们这些工匠和商人；这样的任务我们可是担当不起；我们从来也没有自夸能胜任这项任务。这是一种误会，我们将毁于这个误会。"

本篇是《中国长城建造时》的一部分，卡夫卡生前将其抽出单独发表，原题为《一页来自中国的古老手稿》。从这个片段中，首先看到的是游牧民族与"我们"交流的不可能而造成的毁灭。这让读者想起中华大地历史上无数次的外族入侵。其次，读者看到了中国人形象的不堪——对国家大事漠不关心，对游牧民族的优越感，国家军队不堪一击，皇帝躲在深宫不理国政。再次，读者看到了卡夫卡对中国的想象与理解——"没有办法"将游牧民族赶走，辉煌行将结束，没有未来。

但卡夫卡后来在发表时删去了题目中"中国"二字，使得小说超越了"中国"，具有了更为普遍的意义。如"寒鸦"的比喻。"寒鸦"即"Kavka"。这让读者想起卡夫卡们作为犹太人的不被理解。千百年来，欧洲人往往将犹太人描述成基督徒的杀手、吸血

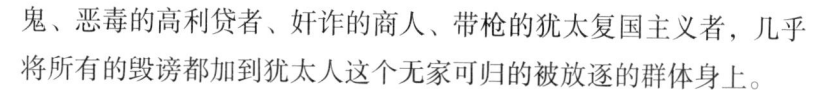

鬼、恶毒的高利贷者、奸诈的商人、带枪的犹太复国主义者，几乎将所有的毁谤都加到犹太人这个无家可归的被放逐的群体身上。

一般都认为这篇小说指向交流与误会。因交流的缺失，而造成误会，而造成毁灭。如小说最后所言："我们将毁于这个误会。"这也是卡夫卡永远惴惴不安的恐慌。民族与民族之间，国家与国家之间，人与人之间，误会是不是常常造成最大的伤害？

从《往事一页》中可以读出，卡夫卡是在写中国，但又绝不只是写中国。他已将自己的世界完全融入了中国的世界之中，并以艺术之笔超越中国的世界而完成了一个更高级别的自己的世界。

其实，其他几篇作品也是如此。或者说，卡夫卡的所有作品都是如此，他总是言"此"在"此"亦在"彼"，最终超越"此"而完成更高一级别的"彼"，使作品达到最高境界。

《中国长城建造时》一看就知道是有关中国的故事。"万里长城止于中国的最北端。工程从东南和西南两头发端，伸展到这里联结。这种分段修建的办法……当然就留下了许多缺口。"这哪里是中国的万里长城，它分明是卡夫卡心中的长城，是一座既结束又没有结束、人类无法证明、理智无法把握的"长城"。看来，卡夫卡的确是在借助古老的中国长城来描摹现代西方世界。小说的叙述者"我"的身世和经历更是证明了这一点，"我""生长在中国的东南方"，"当我以20岁的年龄通过初级学校最后一关考试的时候，长城的建筑刚刚开始"。但是，这个"我"不可能是秦始皇开始建长城时中国南方的"我"，倒很可能是18岁中学毕业的卡夫卡。这座"长城"实质上就是徒劳无益的劳动的象征。小说所讽刺和揭示的显然是官僚政府的专制、荒谬，以及老百姓的愚昧、顺从。尽管在这两篇小说中，卡夫卡只不过是以中国为背景讲述了他自己心中的故事，但是，小说与中国的联系还是显而易见的。卡夫卡对中国的这些认识，并没有超出一般欧洲人，特别是德国人对中国的认识。德国著名作家海涅曾在1833年写道："你们可知道中国，那飞龙和瓷壶的国度？全国是座古董店，周围耸立着一道奇长无比的城墙，墙上伫立着千万个鞑靼卫士。可是飞鸟和欧洲学者的思想越墙而过，在那里东张西望，饱览一番，然后又飞了回来，把关于这个古怪的国家和奇特的民族的最发噱的事情告诉我们。"①

许多作品潜隐中国思想

卡夫卡的许多作品都潜隐着中国思想，这里不一一展开，只引录曾艳兵《卡夫卡研究》第三章《一个捏着生命痛处的寓言》、第二十一章《沉入中国文化海底》② 中分析卡夫卡两个重要作品《诉讼》和《城堡》的两节文字为证。

《诉讼》中还包含着一个著名的"法门的故事"："法院门口站着一个值班的门警。一个乡下人来到这门警跟前，要求让他进去。"可是门警不让他进去，乡下人作了各种努力，他把自己所有的东西都送给了门警，门警虽然收下了，却并不放他进去。于是，乡下人开始了他漫长的等待，直到他临死前，他终于忍不住向门警提了一个问题："这些年来怎么只有我一个人跑来要求进去呢？"门警回答说："因为这门就是专门为你开的。"这个故事充满了悖论：大门敞开着，却又有守卫；门警答应放他进去，又一直不肯放行；乡下人最终没有进去，而门又是专门为他开的。张志扬先生进而发

---

① 海涅：《论浪漫派》，人民文学出版社1979年版，第119页。
② 曾艳兵：《卡夫卡研究》，商务印书馆2009年版，第55页、第369页。

挥道："门，既是范域的限定，又是这限定的缺口，既可破门而入，又可破门而出，'进入存在'或'超出存在'。如果完全的隔就不必通了，完全的通就不必隔了，又通又隔，于是有门，所以，门是限定中的否定。门的肯定是在否定中或通过否定建立起来的。""迄今为止，人建立世界，就是建立门。"如此看来，这篇故事，它寓意含混，而又含混得清清楚楚；它如此深刻，又如此完整，以至于可以作出各种不同的解释，同时又根本不能再作任何解释。"法"和"法门"无处不在，并伴随你终生，但你却不能理解，不能"入门"。读者如果稍稍琢磨一下就会发现，这个"法"，这个"法门"，其实就相当于中国古老的"道"，不可道之"道"。

《城堡》是卡夫卡最重要的长篇小说。小说的故事非常简单：土地测量员 K 深夜来到城堡附近的村庄，城堡近在咫尺，可是无论他怎样努力，也无法进入城堡。他在城堡附近的村子里转悠了一辈子，在生命弥留之际，有人告诉他说："虽然不能给予你在村中的合法居住权，但是考虑到某些其他情况，准许你在村里居住和工作。"小说的这个结局非常近似于老子所说的"反者道之动，弱者道之用。天下万物生于有，有生于无"。K 无论怎样努力也无法进入城堡，而准许他留在村子里的原因却与他的各种努力毫无关系。卡夫卡有关"城堡"的意象是否与古老的中国有某种渊源关系，这一点还有待考证。不过，即便我们说，卡夫卡有关"城堡"构思的直接渊源是古希腊诡辩家芝诺的思想，譬如"一个在 A 点运动的物体无法到达 B 点""飞矢不动"等，但这一思想同中国古代思想，譬如"轮不碾地""飞鸟之景，未尝动也；镞矢之疾，而有不行不止之时"，以及"一尺之棰，日取其半，万世不竭"等却不谋而合。

生活中潜隐中国思想

除了作品中潜隐着中国思想,卡夫卡的生活也潜隐着中国思想。卡夫卡的生活潜隐着中国思想,除了前述他潜心阅读中国著作的原因外,还与他读袁枚诗而"自投罗网"有关。

清代诗人袁枚有绝句《寒夜》:"寒夜读书忘却眠,锦衾香烬炉无烟。美人含怒夺灯去,问郎知是几更天?"卡夫卡创作《变形记》时经常熬夜,而他的身体状况一直较差。当菲莉斯得知这一情况后,就写信劝他别睡得太晚。卡夫卡接到信后,"为了证明'开夜车'在世界,包括在中国属于男人的专利",就为菲莉斯抄录了这首诗。

更有意味的是,此后一段时间,卡夫卡多次在信中与菲利斯谈论这首诗。

1912年12月4日至5日夜写道:"这个男人不会比中国的学究更理智(在中国文学中,对学究的嘲讽和尊敬共存),因为他虽不想让女友在夜里写信,但夜信到的时候,他迫不及待从邮差手里夺过来。"

1913年1月13日至14日写道:"我总是在深夜2点左右想起那位中国学者。可惜,可惜唤醒我的不是女友,而是信,是我要写给她的信。"

1913年1月19日写道:"最亲爱的,不要低估那位中国妇女的坚强!直到凌晨——我不知道书中是否注明了钟点——她一直躺在床上,灯光令她难以入睡,但她一声不吭地躺着,也许试图用目光把学者从书本中拉出来,然而这个可怜的,那么忠实于她的男人没有觉察到这一切。天知道出于什么原因他没有觉察,他根本没有任何理由，从更高一层意义来说，所有理由都听命于她，只听命于她一人。终于她忍不住，把灯从他身边拿开，其实这样做完全正确，有助于他的健康，但愿无损于他的研究工作，有助于加深他们的爱情。这样，一首美丽的诗歌就应运而生了，但归根结底，不过是那个女人自欺欺人而已。"

1913年1月21日写道："我可怜的最亲爱的人，如果说这首中国诗对咱俩的意义都很重大，那么我倒有一件事要问你。你是否注意到，这首诗是说学者的女友而不是他的妻子，尽管这位学者肯定上了年纪，博学和年龄这两样看来与女朋友相处这一事实相矛盾。但诗人却义无反顾地追求最后的结局，忽视了不可信的一面。""最亲爱的，我从未想到这是一首那么可怕的诗！它向读者敞开大门，也许人们可以随意践踏它、忽略它，人类生活有很多楼层，而眼睛只能看见一个可能，但心里聚集了所有的可能性。你认为呢，最亲爱的？"

1913年3月11日至12日写道："一段时间以来我在想，是否可以叫你'菲'，以前你有时候也是这样署名的，这也让人想到'仙女'。还有美丽的中国……"

卡夫卡是出于何种原因不厌其烦地多次向菲莉斯谈论这首诗？很显然，卡夫卡将袁枚的这首诗"卡夫卡化"了，甚至一辈子都没有走出。

卡夫卡一生与三位女性有过亲密的交往：菲莉斯、密伦娜、多拉。

1912年至1917年，卡夫卡与菲莉斯相恋五年多，两度订婚，两度解约。其间，卡夫卡给菲莉斯写了500多封情书，达25万多字，是为《致菲莉斯情书》。有人认为，这是卡夫卡真正完成了的一部长篇。

1920年，卡夫卡与密伦娜夫人一度堕入热恋。密伦娜比卡夫卡小12岁，当时仅25岁，已是一位小有名气的作家。她很欣赏卡夫卡的小说（她是当时少数几位懂得卡夫卡意义的人之一），希望将其翻译成捷克语，给卡夫卡写信。此后，两人通信往来，并产生了恋情。在约半年的时间里，卡夫卡给密伦娜写了约17万字的情书，是为《致密伦娜情书》。论者多以为这是卡夫卡的爱情绝唱——热情似火，思想如锦，语言若诗。与卡夫卡斩断恋情后，密伦娜还到疗养院探视过重病中的卡夫卡。密伦娜后因投身共产主义运动被捕，于1944年5月17日死于法西斯集中营。尽管历经种种变故，密伦娜始终精心保存着卡夫卡写给她的这些情书，罹难前夕将其转交给了友人的丈夫，使得卡夫卡这一珍贵遗产得以与读者见面。

卡夫卡生命的最后两年是与多拉一同度过的。1923年多拉与卡夫卡相遇时年仅19岁。卡夫卡去世后，多拉完全失去了理智。她一直陪伴着卡夫卡，拒绝离开卡夫卡的遗体。后来卡夫卡的朋友克罗普施托克医生感叹："只有认识多拉的人才明白什么是爱情！"

卡夫卡谈论袁枚诗的时候，正是与菲莉斯恋爱的时候。他"从多种角度将自己和菲莉斯的关系与中国诗中的'郎'与'美人'的关系进行对照。卡夫卡作为中国'郎'，一个中国学者，一个'书虫'，一会儿想去夺女友的灯，一会儿又焦急地等待着女友的信；一会儿挑灯拼命写作，一会儿又急不可待地给女友写信；一会儿赞叹中国'美人'的坚强和爱情，一会儿又认为这一切不过是她在自欺欺人罢了。最后他又觉得这是一首可怕的诗，诗中包含着多种可能性，但是人们通常却只能看到其中的一种可能性。卡夫卡通过对中国诗的理解来界定和分析他与菲莉斯之间的关系，这种关系以后又体现在他的作品中，比如《城堡》里K与弗丽达的那种若即若离的爱情关系，就是这样"。①

姜智芹先生分析道："从深层来说，这是因为袁枚的这首诗触动了卡夫卡潜意识中的'婚姻综合征'。卡夫卡暴君式的父亲给他带来许多心理症结，'婚姻综合征'就是其中一个重要表现：一方面，他必须成为父亲，在'父亲法庭'上为自己洗清罪名，为此目的他必须要结婚；另一方面，由于他把文学创作视为生命之所在，又害怕婚姻会占用他的创作时间，破坏他创作时所需要的孤独。婚后万一菲莉斯把他从写字台边拉开，或夺走他的台灯，他该怎么办？这实在无异于夺走了他存在的意义。在卡夫卡心目中，最理想的生活方式是'地窖居民'：'对我来说，最好的生活方式即带着我的书写工具和台灯住在一个大大的、被隔离的地窖的最里间。有人给我送饭，饭只需放在距我房间很远的最外层的门边。我身着睡衣，穿过一道道地窖拱顶去取饭的过程就是我唯一的散步。然后，我回到桌边，慢慢地边想边吃，之后又立即开始写作。'由此可以看出，卡夫卡对袁枚那首诗'着迷'的背后隐含的是对婚姻的欲望和焦虑。作为西方正统文化培育出来的女性，菲莉斯需要现世的婚姻，而卡夫卡幻想在拥有婚恋状态的同时回避婚姻的实质，让他的'佳人'菲莉斯克制婚恋中的正常人性诉求，直到凌晨都醒着一声不响地躺在床上，用幽怨的目光来表达人性的诉求，至多也不过是起身含怒夺灯，而表达的仅是对伴侣的疼爱和关心，这样，'佳人'（菲莉斯）的婚恋对象（卡夫卡）则得以成功地逃避日常婚恋中的人性内容。卡夫卡用《寒夜》这首诗来转喻他与菲莉斯之间的爱

---

① 曾艳兵：《卡夫卡研究》，商务印书馆2009年版，第358页。

情，从带有浓郁的中国文化氛围的诗篇中，卡夫卡找到了自己深层的心理寄托。"①

卡夫卡将中国文化生活化，还有两个典型事例。

1913年1月16日，卡夫卡在给菲莉斯的信中说他在读《中国鬼怪和爱情故事》，说"这些故事精妙绝伦"。以后他又在信中提到他"在读一本中国人写的书《鬼的故事》。因此我想到，这里全是有关死亡的故事。一个人躺在临终的床上，死亡的临近使他摆脱了一切依念，他说：'我的一生是在抵御欲望和结束生命的斗争中度过的。'然后是一个学生在嘲笑一个老唠叨着死亡的老师：'你老是说死，却总也不死。'我会死的。我在唱我的送终歌，一支歌唱得长一些，另一支歌唱得短一些，只需要用几句话便可以概括它们之间的区别。"卡夫卡随后评述道："这是正确的，嘲笑这位英雄是不对的，他带着致命的创伤躺在舞台上，唱着咏叹调。我们躺着、唱着，年复一年。""这段话几乎可以看作是卡夫卡一生的自况，他的一生似乎总在感受着死亡来临的威胁，他不停地抵制着各种欲望，他的全部创作就是面对死亡唱的一首长长的歌。他总在遭受来自各方面的嘲笑，尤其是他父亲的嘲笑：30多岁了，你一事无成。没有妻子，没有儿女，无心工作，而在创作上却又默默无闻。但是，卡夫卡一辈子从来没有放弃过对写作的追求。他的一生就像他笔下的那位饥饿艺术家②，在以生命为代价坚持表演；又像是那位

---

① 姜智芹：《卡夫卡与中国》，《山东外语教学》2007年第3期。
② 饥饿艺术家是卡夫卡创作的小说《饥饿艺术家》中的主人公。小说中的饥饿艺术家可以说是所有为艺术而献身的艺术家的写照，自然包括卡夫卡在内。

女歌手约瑟芬①，是唯一'热爱音乐，也懂得介绍音乐'的人，'要是她死了，音乐也会随之从我们的生活中消失，天知道会消失多少时间'。因此，卡夫卡这一段有关中国鬼怪故事的述评，分明就是我们理解卡夫卡及其作品的钥匙。"②

1917年9月，卡夫卡被确诊患肺结核，此后他断断续续到屈劳他最爱的小妹妹奥拉特家住过8个月。屈劳是一个偏僻的山村，没有电，但卡夫卡却觉得这里是"天堂"，"没有比住在一个村庄里生活更自由的了"。本雅明③说，在卡夫卡的作品里，"有一种乡村气息"，这种气息就是"邻国就在眼前，远处的鸡鸣犬吠已经进入耳际。而据说人们未曾远游就已瓜熟蒂落、桑榆暮景了"。这与老子的"邻国相望，鸡犬之声相闻，民至老死，不相往来"何其相似！

九 道家与西方思想

道家是指以先秦老子、庄子关于"道"的学说为中心的学派。

老子是道家学派的创始人，庄子是老子学说的继承者。老子著有《道德经》，庄子著有《庄子》。从16世纪开始，《道德经》被

---

① 约瑟芬是卡夫卡1924年3月创作的《约瑟芬，女歌手或耗子的民族》中的主人公。这篇小说是卡夫卡创作的最后一篇小说。多数人认为，这是卡夫卡一生的艺术思考与创作的总结。

② 曾艳兵：《卡夫卡研究》，商务印书馆2009年版，第359—360页。

③ 瓦尔特·本雅明（1892—1940），德国思想家、哲学家和马克思主义文学批评家，出版有《发达资本主义时代的抒情诗人》等作品。

传教士译介到西方,逐步为世界所认识并接受。世界文化名著中,《道德经》与《圣经》是被译成外国文字最多的。到目前为止,可查到的各种外文版的《道德经》已有1000多种。自19世纪之后,世界上许多大家都受到《道德经》的影响。

西方接受道家要比儒家晚得多。最早将《道德经》译成欧洲语言的是耶稣会士。《道德经》译成拉丁文后未付梓印刷,于1788年作为给皇家学会的礼物送到伦敦。译文将"道"译成"理",意为神的最高理性。耶稣会传教士翻译、研究中国著作,主要是为了化解中国文化与天主教教义之间的冲突。他们的目的很明确,既要承认中国文化的合理性,又要力图从中国文化中寻求天主教的痕迹,借以证实中国文化是天主教文化的派生物。承认中国文化的合理性,他们才可能被中国人接受;通过研究证实中国文化源于天主教文化,则可以在理论上不违背天主教教义,从而得到教廷及西方社会的支持。因此,他们将《道德经》的"道"译为"理"就很自然了。这既能得到西方文化的包容,又能为中国文化所接受。

欧洲对"道"的关注始于第一位汉学教授

西方对"道"的关注始于法兰西学院的雷慕沙——欧洲第一位汉学教授(该教席于1814年设立)。他翻译了《道德经》的第1、第25、第41和第42章,并作了评说,认为"道"的概念难以翻译,只有"逻各斯"(Logos)较接近,具有绝对存在、理性和言词这三层意义。"逻各斯"是欧洲哲学概念,涉及希腊哲学和基督教神学两个领域。希腊哲学家赫拉克利特最早使用这个概念,认为逻各斯是一种隐秘的智慧,是世间万物变化的一种微妙尺度和准则,他主要是用来说明万物的生灭变化具有一定的尺度,虽然它变幻无常，但人们能够把握它。亚里士多德用这个词表示事物的定义或公式，具有事物本质的意思。希腊时期的犹太思想家斐洛首先将希腊哲学的逻各斯概念和基督教的"道"联系起来。斐洛认为，希腊哲学和犹太教的思想是同根异枝。《旧约》箴言和诗篇等多处赞美了上帝的智慧，而《创世纪》也记载了上帝以言辞创造的伟业。据此裴洛认为，上帝的智慧就是内在的逻各斯，上帝的言辞就是外在的逻各斯。"逻各斯"一词通常是指在希腊哲学中的意义。人们通常所说的"逻各斯中心主义"，是德里达继承海德格尔的思路对西方哲学的一个总的裁决，指一种以逻各斯为中心的结构。需要说明的是，雷慕沙并非传教士，他将"道"翻译为与"理"相近的"逻各斯"，主要是因为他的宗教文化背景。

《道德经》在西方的第一个加注全译本是雷慕沙的学生和继任者儒莲于1842年完成的。儒莲将"道"译成了"路"。当时，他的译本对欧洲学界精英产生了很大影响。例如谢林（1775—1854），他在《神话哲学》（1857年）中就曾提及雷慕沙和儒莲并写道："道不是以前人们所翻译的理性，道家学说亦不是理性学说，道是门，道家学说即是通往'有'的大门的学说，是关于'无'（即纯粹的能有）的学说，通过'无'，一切有限的有变成现实的有……整部《道德经》交替使用不同的寓意深刻的表达方式，只是为了表现'无'的巨大的、不可抗拒的威力。"

西方第一次《老子》翻译浪潮

随着帝国主义的入侵，近代中国一步步沦为半殖民地。这为基督教在中国的传播铺平了道路。研究中国思想的传教士此前几个世纪已将儒家经典大量译介到了西方，现在他们则常常将道家思想拿来与基督教作比较。于是，从19世纪60年代到20世纪初，西方出现了第一次翻译《老子》的浪潮，译者有查尔姆斯（英文，1868）、普兰科纳（德文，1870）、施特劳斯（德文，1870）、巴尔弗（英文，1884）、阿尔莱（法文，1891）、理雅各（英文，1591）、卡鲁斯（英文，1595）、科勒尔（德文，1908）、翟理斯（英文，1909）、格利尔（德文，1910）和卫礼贤（德文，1911）。这些译者中，理雅各和卫礼贤最有名。理雅各（1815—1897），英国著名汉学家，与法国学者顾赛芬、德国学者卫礼贤并称汉籍欧译三大师。曾任香港英华书院校长，伦敦布道会传教士。他是第一个系统研究、翻译中国古代经典的人，从1861年到1886年的25年间，将"四书""五经"等中国主要典籍全部译出，共计28卷。当他离开中国时，已是著作等身。理雅各的《中国经典》《法显行传》《中国的宗教：儒教、道教与基督教的对比》和《中国编年史》等著作在西方汉学界占有重要地位。卫礼贤（1873—1930），原名为理查德·威廉，中文名卫希圣，字礼贤，亦作尉礼贤。德国著名汉学家，翻译出版了《老子》《庄子》《列子》等道家著作，还著有《实用中国常识》《老子与道教》《中国的精神》《中国文化史》《东方——中国文化的形成和变迁》等，他是中国文化西传的重要人物。

  这个时期西方还出版了最早的《庄子》译本。德国第一位汉语言学家噶波伦茨关于《庄子》语言的研究（1888）开了研究道家经典的先河。翟理斯的《庄子》英译本于1889年问世，理雅各的《庄子》英译稿同《道德经》英译稿于1891年一起发表在米勒主编的系列丛书《东方圣典》中。在德语地区影响较大的要数布贝尔根据翟理斯英译本修订汇编并于1910年出版的德文版《庄子》。卫礼贤的节译本出版于1912年。

应当说，此时正是基督教向世界各地输出最强势的时候。西方学者此时研究老子，证明基督教的优越性、真理性便是顺理成章之事，以《老子》证明耶和华的存在，以《老子》证明基督教教义的真理性也是合理之事。如格利尔在《道德经》和《新约全书》之间就找到了许多共同之处，他还看到了老子同耶稣精神上的亲和关系，即前者的哲学精神同后者的宗教精神之契合。

王尔德与庄子思想产生共鸣

西方社会推进到19世纪末期，一场精神大变革悄悄到来：基督教世界观以及建立在其上的道德观念和制度观念开始受到越来越多的质疑。这自然也激起了人们从新的源泉中汲取精神力量的渴望。而从很大程度上说，道家思想此时登陆西方，恰好能满足西方的这种渴望。

奥斯卡·王尔德（1854—1900）是19世纪爱尔兰最伟大的艺术家之一，以其剧作、诗歌、童话和小说闻名，是唯美主义代表人物，19世纪80年代美学运动的主力和19世纪90年代颓废派运动的先驱。在19世纪后期，王尔德对庄子思想的吸纳是一件具有标志性意义的事件，它标志着道家思想与西方知识阶层开始在精神深处进行对话。王尔德读完翟理思的著作《庄子：神秘主义者、道德家与社会改革家》后，1890年2月8日以《一位中国哲人》为题，评论翟理思的著作及所译的《庄子》。在这篇评论中，王尔德的思想与庄子哲学产生共鸣，他的一些社会批评与文艺批评观念也借此得以成形。他在一篇题为《艺术家的批评》（副标题"对无为之重要性的一些看法"颇有道家色彩）的唯美主义的论文中提到庄子：

"智慧的庄子……证明，善意而进取的矫造行为会毁灭人之纯朴和本能的美德。"

一战后西方道家接受进入新的时期

第一次世界大战爆发后，道家在西方的接受进入新的时期。

如前所述，19世纪末期的西方思想界开始质疑自己原有的精神观念。此时，经历战争对自我的摧毁，19世纪后期以来形成的以尼采为代表的文化悲观主义越来越浓厚，西方知识分子对此前欧洲文明的优越性产生了更大的疑问。1908年马勒创作了《大地之歌》。作品虽是交响曲，却未排入其交响曲的编号，缘于按照马勒作品的顺序，这部作品应排为"第九交响曲"，而这被马勒认为不吉祥，因为贝多芬、舒伯特、德沃夏克都是在写完自己的第九交响曲后去世的，所以最后定名"大地之歌"。作品采用了七首中国诗歌（李白的《悲歌行》、南朝民歌《采莲曲》、钱起的《效古秋夜长》、李白的《采莲曲》、李白的《春日醉起言志》、孟浩然的《宿业师山房待丁大不至》、王维的《送别》）的德文改写版为歌词，这在西洋音乐史上绝无仅有。

一战后的西方，对中国思想的接受出现了与18世纪启蒙运动时代第一个接受阶段相类似的局面。人们从战争的灾难中痛感到，有道德秩序并崇尚和平的中国优于西方的野蛮。于是"道家热"席卷德国，道家的"无为"思想被有和平主义倾向的思想家奉为真谛。诗人科拉邦德在作于1919年的《听着，德国人》的文章中，号召德国人按照"神圣的道家精神"生活，"做欧洲的中国人"。卫礼贤1911年和1912年翻译出版了《老子》和《庄子》。德布林1915年发表了小说《王伦三跳》。小说描写一个不自觉成为起义领袖的反叛者转变为崇尚无为的道家遁世者的过程。此时宣传道家思想的作家还有海塞、布莱希特等人。海塞（1877—1962）是德裔瑞士作家，毕生致力于沟通东西方精神，并在东西方的宗教、哲学中寻觅理性世界。他的全部作品贯穿着"道家和佛教思想的温良"，富于哲理性。1946年由于"他富于灵感的作品具有遒劲的气势和洞察力，为崇高的人道主义理想和高尚风格提供一个范例"，获诺贝尔文学奖。贝尔托·布莱希特（1898—1956）是德国戏剧家与诗人，曾投身工人运动，1933年后流亡欧洲大陆。他1938年流亡丹麦时写下著名叙事诗《关于老子在流亡途中写成"道德经"的传说》。布莱希特在道家思想中觅得了赖以度过纳粹时期艰难困苦的存活哲学。

荣格从道家那里获得心理学启示

荣格（1875—1961）是瑞士心理学家，分析心理学首创人。1907年第一次与西格蒙德·弗洛伊德会面。1908年在弗洛伊德的支持下创办国际精神分析学协会，并在奥地利萨尔茨堡召开第一次会议。1914年创立分析心理学。他提出"情结"概念，将人格分为内倾和外倾两种，主张将人格分为意识、个人无意识和集体无意识三层。著作有《人及其象征》《心理学形态》等。荣格的心理学与道家在最终目标、价值取向及思想方法上具有相通性。荣格是卫礼贤的朋友，他研究卫礼贤翻译的道教经典《太乙金华宗旨》之后，为该书德文版《金花的秘密》写了长篇序言（占全书的一半篇幅）。这次研究，为荣格的心理学注入了新鲜血液，对其心理学理论的形成和发展起到了十分重要的作用，特别是为他在集体无意识、原型、自性化等方面的研究提供了重要的论据，同时也为东西方文化的沟通架起了新的桥梁,并在客观上推动了世界对中国传统文化心理学的研究以及心理学中国本土化的进程。他从道家典籍中,尤其是卫礼贤翻译的《太乙金华宗旨》和《易经》中获得了很大的启发。荣格为上述两书作序也增加了译文的分量(荣格为《易经》英译版作序,使该书在美国被奉为圣典)。张春元在其关于道家接受的重要著作《创作力与道家——中国哲学、艺术及诗》(1963)中对荣格推崇备至。他写道:"在此之前从未有人用现代心理学解释中国道家,并真诚地将它作为提升人的精神活力、减轻人生痛苦之路来践行。"

西方哲学家开始接受道家思想

1920年在西方享有盛名的哲学家凯泽林,于1911年至1912年间周游世界后写了《哲学家旅行日记》(1918)。在日记中凯泽林不仅高度赞赏儒家伦理,也高度评价道家思想:"无可否认,道家经典中蕴含着也许是人类所拥有的最为深刻的人生智慧。这一认识正是基于我们的理想——创造性的精神自足而得出的。"

海德格尔(1889—1976)无疑是20世纪最重要的哲学家。他是德国人,存在主义哲学的创始人和主要代表。1927年出版的《存在与时间》,奠定了他在现代哲学界的地位。1933年初,在德国出现了纳粹的法西斯专政。此后五年间,德国大学教师被解雇受迫害的有2800人,但海德格尔却在该年秋天带领960名教授公开宣誓支持希特勒的国家社会主义政权,并一度担任弗莱堡大学校长。1945年盟军占领德国以后,他因这段历史受到审查并被禁止授课。海德格尔很推崇老子,与中国人萧师毅合译《道德经》,晚期思想与老子思想有许多相合之处。海德格尔曾在一个有关技术展出的开幕式上说:"这无疑是罕见的,古代中国世界的思想已经以自己的方式对这种冲突先行做出了思考。因为《老子》在第十五章这样说:有谁能够,让旋搅之水通过寂静的照料而得以澄清?有谁能够,让平静通过持续运动的照料而得以生产?"(《老子》原文为:"孰能浊以静之,徐清?安以动之,徐生?")海德格尔直接涉及《老子》但没有标出《老子》的最著名的段落是名为《物》的论文:"构成壶并且使壶得以站立的壁和底,并不是真正的把捉者(das Fassende,又译为'起容纳作用的东西')。而如果真正的把捉者依赖于壶之虚空,那么,在转盘上塑造壶壁和壶底的陶匠其实就没有制作这把壶。他只是把黏土构出形状来而已。不——他是把虚空构出形状来。为这种虚空,进入虚空之中并且从虚空而来,他把黏土塑造成形体。陶匠首先并且不断地把捉着虚空的不可把捉之物,并且把它作为把捉者生产出来,进入到容器(已把捉者)的形态之中。"这与《老子》第十一章贴近:"三十辐共一毂,当其无,有车之用。埏埴以为器,当其无,有器之用。凿户牖以为室,当其无,有室之用。故有之以为利,无之以为用。"这段大致可译为:三十根辐拱卫着一根毂,有了车毂中空的地方,才能装进车轴使车轮有转动的用处。揉和陶土做成器皿,有了器具中空的地方,才有盛放物品的用处。开凿门窗建造房屋,有了门窗四壁内的空虚部分,才有让人出入居住的用处。所以,"有"作为实体给人便利,要靠"无"才能发挥它的用处。海德格尔对道家的接受现在越来越受到人们的重视。人们发现,海德格尔读过卫礼贤和布贝尔的译文,甚至很有可能在表述其自有的开创性思想时,也受到道家核心思想的启发。如卜松山先生所言:"或许,他思想的魅力——那些陌生的,非同寻常的成分——大抵正是对道家和禅宗吸收融化的结果。"

20世纪另一位重要的存在主义哲学家雅斯贝尔斯（1883—1969）也与道家有着深刻的关联。雅斯贝尔斯是德国哲学家、教育家，存在主义哲学的主要奠基人之一，主要作品有《世界观的心理学》《哲学》《论真理》等。1933年纳粹运动兴起，雅斯贝尔斯由于妻子是犹太人等原因而遭到排斥，并被剥夺教授职位和出版权，直到1945年才恢复。雅斯贝尔斯将老子作为伟大的哲学家来研究，并且把《道德经》中的"道"理解为"存在的根据"，把他自己哲学中最重要的基本概念"存在"作为"道"的本真意义。他在《老子和龙树——两位亚洲神秘主义者》（1957）中这样解释老子的"无"："穿透一切的无，达成一切的不可察觉的无为，产生一切的统一之力，对降临涉世的生命从彼岸之地渡向此岸之地的奠基一切的收存。"龙树是印度古代佛教哲学家、逻辑学家，印度大乘佛教中观派（空宗）的奠基人，大约活跃于150年至250年之间，在印度佛教史上被誉为"第二代释迦"。《老子和龙树》书末这样写道："从世界历史看，老子之重要意义与中国精神相关。老子之局限也是这一精神之局限：万难中唯老子情怡。老子的情怀中无佛教轮回之威胁，不求摆脱痛苦之轮；亦无基督的十字架，没有对无法摆脱的原罪的恐惧，不需要神化作凡人赴死以救赎人类的恩典……中国精神视世界为自然的现象，生动的循环，静中有动的宇宙。对整体之道的任何偏离仅是偶然的，暂时的，并一定会回归永恒不朽之道。对我们西方人来说，世界不是封闭的，而是与现世无法把握的超自然的东西相关联。世界与我们的精神处于同自身及客体争斗的紧张状态中，它们在斗争中构成历史，具有一次性的历史内涵。老子那里没有对一位发号施令、暴躁好斗的神的暗示。"

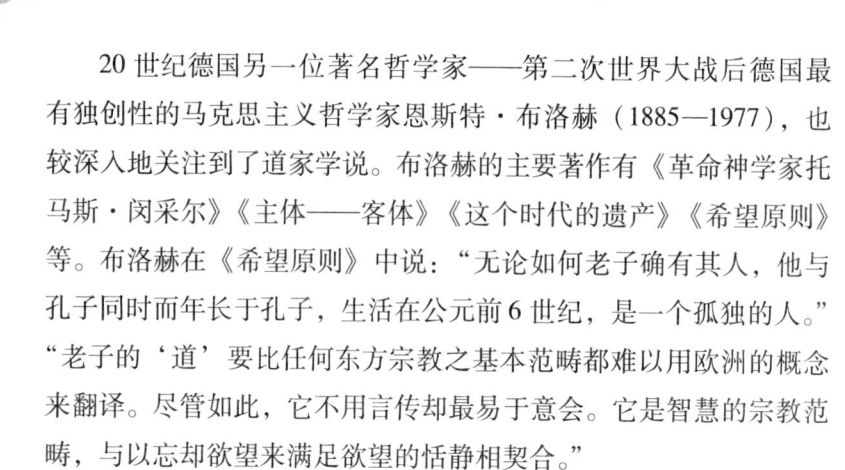

20世纪德国另一位著名哲学家——第二次世界大战后德国最有独创性的马克思主义哲学家恩斯特·布洛赫（1885—1977），也较深入地关注到了道家学说。布洛赫的主要著作有《革命神学家托马斯·闵采尔》《主体——客体》《这个时代的遗产》《希望原则》等。布洛赫在《希望原则》中说："无论如何老子确有其人，他与孔子同时而年长于孔子，生活在公元前6世纪，是一个孤独的人。""老子的'道'要比任何东方宗教之基本范畴都难以用欧洲的概念来翻译。尽管如此，它不用言传却最易于意会。它是智慧的宗教范畴，与以忘却欲望来满足欲望的恬静相契合。"

垮掉的一代、嬉皮士、新时代运动的道家接受

垮掉的一代，又称疲惫的一代，是第二次世界大战之后，于20世纪50年代出现于美国的一群松散结合在一起的年轻诗人和作家的集合体。这一名称最早是由作家杰克·凯鲁亚克于1948年前后提出的。该流派作家性格粗犷豪放，落拓不羁，生活简单，不修边幅，喜穿奇装异服，厌弃工作和学业，拒绝承担任何社会义务，以浪迹天涯为乐，蔑视社会的法纪秩序，反对一切世俗陈规和垄断资本统治，抵制对外侵略和种族隔离，讨厌大机器时代的文明，寻求绝对自由，纵欲、吸毒、沉沦，以此向体面的传统价值标准进行挑战，因此被称作垮掉的一代。为寻找精神寄托，该流派的作家游历东方，修行禅定，静坐默想，修身养性，以求得毫无约束的精神解脱，交融于广阔无垠的宇宙世界。在这一过程中，他们抛弃世代信奉的基督教，试图从东方禅宗中寻找精神的寄托、信仰的归宿。中国唐代诗僧寒山成为他们的精神偶像。寒山那超尘绝俗的生活方式，对精神自由的追求，以及他那从山中汲取精神力量的"荒野情

结"等，在垮掉的一代的心灵深处引发了强烈而深刻的共鸣。"佯狂似癫"的寒山诗受到热捧，成为垮掉的一代的精神食粮。无论是生活言行、文艺创作，还是对待人生和自然的态度，垮掉的一代表现出与诗人寒山之间的传承关系与精神契合，二者可谓是"跨越时空的沟通"。

垮掉的一代的代表作家是金斯堡。艾伦·金斯堡（1926—1997），被奉为"垮掉的一代之父"。他高喊："别把疯狂藏起来。"他发泄痛苦与狂欢的诗作，给诗坛以巨大冲击。1974年，金斯堡获美国国家图书奖，这位"反文化"的诗人为人们提供了新的文化成果。《嚎叫》是他的代表作之一，全诗共三部分。第一部分主要袒露"被疯狂毁坏的我这一代人"放荡不羁、挑战传统的生活——吸毒，酗酒，性解放；流浪，违规，抗议；超级共产主义，原始主义；反金钱至上，反核武器和工业暴力的压迫；狂野的诗学，嘈杂的音乐，飞翔的精神快感……直指社会对人的疯狂毁坏。第二部分集中控诉拜物主义、专制思想及大机械化生产。第三部分将诗笔集中在"被疯狂毁坏的我这一代人"的代表——青年卡尔·所罗门身上，倾注了诗人对卡尔·所罗门最终被送进疯人院的命运的痛惜与愤慨之情。1955年诗人在一次朗诵会上，裸体朗诵了这首长诗，他痛苦的哀号、抗议与激愤的抨击，引起了巨大的轰动。

垮掉的一代另一位重要人物是杰克·凯鲁亚克（1922—1969）。杰克·凯鲁亚克大学二年级退学从事文学创作，并辗转于美国海军和商用航运公司等处。1957年《在路上》问世后，成为"垮掉的一代"的代言人。《达摩流浪者》是凯鲁亚克的自传体小说，书中宣扬的自由上路、追求理想与爱的理念对读者影响很大。作者凯鲁亚克在书的扉页上题词：献给寒山子。

继垮掉的一代之后，20世纪60年代，西方有相当一部分年轻人蔑视传统，有意识地远离主流社会，以一种不能见容于主流社会的独特的生活方式，来表达他们对现实社会的叛逆，这些人被称为嬉皮士。由嬉皮士参加的，以文化的反叛和生活的反叛为主要内容的反叛运动被称作嬉皮士运动。这一时代则被称为嬉皮时代。嬉皮士运动起源于美国，波及整个西方。嬉皮士文化是20世纪六七十年代西方社会文化的一个重要特征。

继嬉皮士运动之后，西方20世纪六七十年代又兴起了新时代运动。新时代运动是一种文化寻根运动或思潮。经历几十年的发展，已从西欧和北美扩展到世界各地，逐步形成了风靡全球的反叛现代性的文化寻根大潮，涉及学术、思想、宗教、科学、法律、商务、文学艺术和日常生活等各个领域。新时代运动很大程度上说，是人类在思考自己命运过程中对"爱"的回归。新时代运动认为"爱"是整个宇宙的基础，是所有存在的本源；人类所经历的不幸，都是低进化度生命群体所要经历的一个学习过程，人们通过"黑暗"去了解"光明"，进而走向"光明"；通过"无爱"去知道"爱"，进而拥有"爱"。

西方在经历垮掉的一代、嬉皮士运动、新时代运动的过程中，道家思想以另一种方式——禅，为人们所关注、接受。人们在接受禅宗时，道家被广泛视为禅宗之源，如新时代运动的精神领袖瓦茨在其影响很大的入门手册《禅宗之道》中即这样强调。他死后于1975年出版的《道：水流之路》受众更为广泛。他的著作对20世纪七八十年代始于美国、遍及西方的第二次道家热潮起了决定性影响。此时又如20世纪20年代那样，"道"被当作拯救所谓物质泛滥而精神空虚的西方文明之灵丹妙药。

道家在西方的世俗化

20世纪七八十年代，西方兴起了第二次道家热潮。这次热潮对道家在西方的推介具有重要意义，但也使道家世俗化。

1976年卡普拉出版了《物理之道》。《物理之道》在广泛探讨了近代物理学的最新成果与东方佛教、道教的系统理论之后，将二者进行深入比较，得出"近代物理学的新概念与东方宗教哲学思想惊人地相似"的结论，让认为科学是客观性的、与价值概念无关的科学家感到震惊。作者的论述促使科学家对他们的研究成果进行更深刻的思考。作者卡普拉说：在伟大的诸传统中，据我看，道家提供了最深刻并且最完善的生态智慧，它强调在自然的循环过程中，个人和社会的一切现象以及两者潜在的一致。自此以后，一大批推荐道家观点或"悟道"的书籍问世——《入定之道》《心理学之道》《爱之道》《简易道》《道：情爱健身的瑜伽功》《道家菜谱》《道家管理》《自愈之道》《领导之道》《政治之道》《性之道》。从这些书名即可知道，道家在这次热潮中已走进了西方人的生活，道家文化成了西方生活中的有机组成部分。但从中也可以看到，这里的"道家"基本为"道教"——追求长生不老——所取代，作为哲学的"道家"已变成了世俗化的"道教"式的心理与生理满足。

西方接受和传播道家的原因

西方接受与传播道家的原因，扼要地说就是："这里上帝已死，东方将会对西方精神产生魅力。"这是科克斯（1924—　）的名言。科克斯是英国皇家学会院士暨英国社会科学院院士，美国科学院、丹麦皇家科学院外籍院士。科克斯的表达，其实从很大程度上代表了西方许多思想家的心声，他们都或多或少、或深或浅、或隐或显地从道家那里得到启发。

西方从社会学角度研究中国哲学和宗教的第一人——马克斯·韦伯（1864—1920）是德国著名社会学家、政治学家、哲学家，是公认的现代社会学和公共行政学最重要的创始人之一，被后世称为"组织理论之父"，主要著作有《政治论文集》《学术理论论文集》《社会史与经济史论文集》《社会学和社会政策论文集》等。1915年出版的《中国的宗教：儒教与道教》是韦伯有关宗教社会学研究的第二本主要著作。该著作专注于探索中国社会与西欧不同的地方，并且提出了"为什么资本主义没有在中国发展"这一问题。韦伯将道教与儒教置于同等地位，并对道教伦理思想与社会现代性之间的关系问题进行了梳理。韦伯认为道教某些特征与现代性、西方理性主义之间具有亲和力，但其巫术严重阻碍了道教自身蕴含的理性化倾向，因而与现代性社会之间具有反向关系。韦伯研究世界诸多宗教的目的并非在于论证西方文明优越论和西方中心论，而是通过探究西方现代性的起因，找到一种克服现代性危机的路径。为此，韦伯提出应该在一个开放的而非单一封闭的范围内寻找或建构克服危机的价值体系。韦伯认为，道教的价值观念和行为准则不失为一种推动社会制度合理化进程的思想观照。

维特根斯坦（1889—1951）是语言哲学的奠基人，20世纪最有影响的哲学家之一。他出生于奥地利，后入英国籍，主要著作有《逻辑哲学论》和《哲学研究》。维特根斯坦与道家学说有很深的关联。老子与维特根斯坦都涉及"言""意"关系，维特根斯坦的"不可说"与老子的道"不可言"有亲缘关系。《老子》全书的第一句为"道可道，非常道"，意思是说"'道'如果是能够谈论的，就不是永恒的'道'"。《老子》一开始就提出"道"这个概念作为自己哲学体系的核心。老子认为,"道"是天地万物的本源,微妙玄虚,不具有任何质的规定性,不能用文字或语言去表达。在《逻辑哲学论》中,维特根斯坦说:"本书将为思维划定一条界线(限),或者不如说不是为思维,而是为思想的表述划一条界线(限)。"思维及其表述是通过语言来进行的,"因此,这种界限只能在语言中划分,而在界限那一边的东西则根本是无意义的"。"我想写的是,我的著作由两部分组成:一是已写成的,二是所有我没有写的一切。而这第二部分正是最重要的部分。"所谓可说和不可说之间的界限,实质上就是指语言的界限、思维的界限。他于1918年发表的《逻辑哲学论》最后这样写道:"我们感到,即使一切可能有的科学问题都有了解答,我们的人生问题还毫未触及。当然问题已不复存在;而这正是答案。"这样的表达让我们想起庄子的"道昭而不道,言辩而不及,仁常而不成"。

德里达(1930—2004)是法国哲学家,解构主义创始人。他的主要著作有《人文科学话语中的结构、符号和游戏》《论文字学》《声音和现象》《书写与差异》等。德里达以其"去中心"观念,反对西方哲学史上自柏拉图以来的"逻各斯中心主义"传统,认为文本(作品)永远开放,读者的阅读也是创造过程,因此读者对本文的解读总是未完成的、不确定的。德里达哲学与道家哲学有着更广泛的亲缘关系。他的思想非常接近庄子的"齐物",所以有人称之为"德里达道家"。

道家在西方的接受,在今天已越来越广泛,几乎涉及每一个可能的领域。卜松山先生指出:"女权主义者们可以在《道德经》中找到许多章节证实阴更为强(以柔克刚),混沌学研究者或解构主义者则可在道家思想中为他们颇为吊诡的理论找到相似的哲学思考和佐证。道家开放性中蕴含的多功能性使其具有吸引力，但也往往使得道家成为时代精神的玩偶，容易流于庸俗化。斯洛特戴克写道：'道家在西方著述者的嘴里难道不是成了轻率承诺而无法兑现时所用的百搭王牌了吗？啊，道家！你是召来速成整体论和核物理蒸馏罐中安全感的咒语！神秘的道字近来已陷入庸俗的低级趣味。将来，不管谁声称信奉它无上的魔力，必定难以逃脱想加入新式宗教整体论高调的大合唱的嫌疑。'"

黑塞与道家

1946年诺贝尔文学奖获得者，德国作家黑塞曾这样评价老子和道家思想：

在中国有一位伟大的哲学家和伦理学家，他的认知价值对于我们一点也不亚于希腊、佛陀和耶稣，但这点还很少被认识到。（1911）

不管怎样，在远东有名的思想家中大概没有一个人的道德理想比老子对我们西方的雅利安人更亲近和更密切的了。除了避世的、经常吹毛求疵地沉思冥想的印度哲学——最近一段时间以来它正被我们再次加以研究，此种中国智慧让人感到是完全简便实用的，而且，日益堕落的西方思想只能给人以荒唐、花哨的可耻印象，而这个古老的中国人对基本价值有着更好的认识，较之许多偏离天性、陷在无政府主义的专家哲学里的西方人，它对人的发展能发挥更大、更合乎目的的作用。（1911）

我们所紧缺的智慧在老子那里，把它译介给欧洲，是我们当前

唯一的精神使命。(1919)

这种人就能获得自我和平，这世上也无物可威胁他，无以为敌。在自个内心掌握了他的命运。(1921)

老子多年来带给我极大的智慧和安慰，"道"这个字对我意味着全部的生活真谛。(1921)

老子目前在我们可怜的德国很时髦，但几乎所有人都认为他根本上是自相矛盾的，然而，他的思想恰恰不是矛盾，而是严格的双极、两极，因而不止一个维度。我经常汲取他的源泉。(1922)

我要用诗句、用篇章赞美世界的二极性，因为在那火花闪耀的两极间我看到了生活的灿烂……中国的老子为我们留下不少篇章，在那里生活的两极似乎在电闪之间触手可及。(1924)

中国人的文化理想与我们现代西方的文化理想是如此相反，以至我们应该为地球的另一面拥有如此坚定和值得崇敬的一种对极而感到高兴。企望整个世界欧洲化或中国化都是愚蠢的，我们应该尊重这种陌生的精神，否则，人们就什么也学不到，也不能互相接受；我们应该期待远东至少成为我们的老师，就像长期以来我们对西亚所做的一样（只要想想歌德）。(1925)

《庄子》是最出色的中国书之一，我认为庄子与孔子和老子一样具有伟大的创造性和智慧。在欧洲（更不用说美洲）的一些民族，还从来没有产生过可与《庄子》媲美的著作……因此我为您得到《庄子》而庆幸，您将从它那儿取得一些小建议，使您获益终身并成为智慧之源。(1929)

虽然我不懂中文并且从未到过中国，但在那古老的文化中我非常幸运地找到了自己追求的理想、心灵的故乡。(1952)

黑塞的作品大多都围绕"生活的两极性"展开，这与他崇敬并认定道家思想"是严格的双极、两极"关系极大。

所谓"两极"就是人与自然、人与神、人与他人，是有与无、动与静、黑与白、是与非，是感性与理性、有限与无限、生与死等。

西方文化传统中，对两极的认识一直以对立视之，因此人常常处在两极的对立与分裂状态中。尤其是进入资本主义现代文明后，这种对立与分裂的人生状态更加明显。第一次世界大战后，西方人整体上陷入了空前的精神危机，这种对立状态更加严重。

如何使人得以安身立命，实现"两极"的和谐，是此时西方人苦苦思考的问题。因此，在这一时期他们开始在自己的文化传统之外寻找一些异己的东西，西亚文化、印度文化、中国文化就是他们需要检视的对象。

黑塞正是在这个时候，发现了老子的意义，寻找到了道家对西方的意义，并将其渗入自己的作品中，他的主要作品都打上道家文化的深深烙印。《荒原狼》中的年轻的萨克斯管吹手巴伯罗在平凡中保存了自我，最后与莫扎特的形象合二为一，这就是以"无为"的方式让人活得更为自我，更有价值，更有尊严。《东方之旅》中的里欧以仆人的卑微和隐逸的生活方式完成至尊盟主的使命，这里有着"无为"而"无不为"的明显印记。

《玻璃球游戏》中主人公最后总结自己的人生说："我顿然领悟到，语言也好，玻璃球游戏的精神也好，世上万事万物莫不自有其丰富的意义……它们全都是直接抵达宇宙内部奥秘的道路，在呼与吸、天与地、阴与阳的持续不断交替变化中，完成着它们自己的永恒神性。"这是黑塞"两极"思想的最直接的表达：在"两极"

的统一中达到人从人性向神性的转换的高度。"荒原狼"身上人性与狼性的对立及最后被克服也是这一思想的表达。

从西方对中国文化接受这个角度说，比之于之前的任何一位西方作家、学者，黑塞都可以说是沉潜到中国文化海洋最深处的人。

《黑塞之中国》的编者孚克·米歇尔斯在该书的前言中这样说道：

20世纪德语作家中大概很难找到一位像赫尔曼·黑塞那样对中国如此感兴趣，如此致力于介绍宣扬中国古典文学和文化的了。没有一位像他那样，五十多年坚持强调，对于中国文化我们必须"作为同一水平的竞争者加以研究，对我们而言，他们是敌是友随情况而异，无论如何，中国对我们或利或弊，其程度都可能极大"。因为，对他而言，"这个民族在历史长河中形成，知道自己的文化并不后顾，而是在行动中向前看"。也没有一位作家像黑塞一样，把如此多的中国精神财富融入自己的作品中。他在暮年总结说："《诗经》《易经》《论语》《老子》《庄子》与荷马、柏拉图、亚里士多德都是我的老师，他们帮助塑造了我和我心中对善、智慧、完美的人的概念。"

百年来，黑塞的作品已被译成50多种语言，有700多种译本，在世界上产生了广泛的影响。20世纪60年代中期起，黑塞在美国的文学影响逐渐取代了海明威，一时成了美国大众文学的崇拜偶像。特别是《荒原狼》，在问世差不多半个世纪后在美国掀起一股"狼潮"，甚至有摇滚乐队也取名"荒原狼"（这个乐队曾在黑塞纪念活动期间去德国演出）。与此同时，黑塞的作品在东方同样受到读者的热爱，黑塞甚至被一些日本人称为"追求真理的英雄与先驱者"。从文化传播的角度看,黑塞也可以说是 20 世纪传播中国文化的文学大师。

在黑塞的作品中,还有一些直接描写、述说中国的诗文。《黑塞之中国》就收录了黑塞有关中国的作品 40 余篇。

《给一位中国歌女》是黑塞有关中国题材作品中非常有名的一篇,引录于此。

> 黄昏,泛舟在静静的河上。
> 粉红的金合欢正盛开,
> 红云灿烂,这些我都视而不见,
> 我只看到你发际的杏花浅埋。

> 你含笑坐在画舫的船首,
> 以熟练的手指轻弄琵琶,
> 唱着故国的歌,
> 眼中闪着青春的芳华。

> 我独立桅旁,暗自发愿,
> 愿做这盈盈秋波的永世之奴,
> 以极乐之苦听这吟唱,
> 看这如花的纤手翻云覆雨。

道家与美国现代诗

1. 爱默生、梭罗与中国文化

爱默生是确立美国文化精神的代表人物,被誉为"美国的孔子""美国文明之父"。爱默生生活的时代，属于美国童年期。爱默生认识到美国在政治上虽已独立逾半个世纪，但在文化上还处在欧洲文化的襁褓中。美国文化要独立，必须通过思想、文化领域的变革，唤起民众的自信、自立。于是，他把目光投向了东方。他说："我在亚洲人的词句中也找到了与生活的类同。东方的天才们不是戏剧性或史诗性的，而是伦理的和沉思的，琐罗亚斯德神谕、吠陀、摩奴和孔子使人愉悦。这些格言无所不包，犹如天堂般完美。"

爱默生在阅读儒家著作时，感到儒家思想中关于个人道德修养和自我完善的内容正是他倡导超验主义需要借助的力量。超验主义的核心观点是主张人能超越感觉和理性而直接认识真理，强调直觉的重要性。超验主义认为人类世界的一切都是宇宙的一个缩影。爱默生说："世界将其自身缩小成为一滴露水。"超验主义者强调万物本质上的统一，万物皆受"超灵"制约，而人类灵魂与"超灵"一致。这种对人之神圣的肯定使超验主义者蔑视外部的权威与传统，依赖自己的直接经验。爱默生"相信你自己"的名言，成了超验主义者的座右铭。超验主义本意就是要反抗西方宗教文化中的"原罪"和"定命"思想，强调依靠个人的努力达到道德完善和社会改进，这与儒家"修身""齐家""治国""平天下"极相吻合。爱默生公开宣布："为了表达德性的本来含义，我们有必要大大越出自己的环境和习俗。否则的话，他立即就会同可怜的体面和空虚混为一谈……由此，我们飞向异教徒，引用苏格拉底、孔子、摩奴和琐罗亚斯德的名字和有关人事。"通过阅读、消化《四书》，爱默生对儒家的天命观、道德观以及"为政""为学"等方面的思想均有所取舍，丰富、促进了他的超验主义思想。

梭罗（1817—1862），是爱默生的学生和朋友，超验主义代表人物。1845年至1846年，在距离康科德两英里的瓦尔登湖畔隐居，体验简朴、自然的生活。1854年梭罗完成长篇散文《瓦尔登湖》，成为超验主义经典作品。

梭罗的思想深受爱默生的影响，梭罗对中国文化的喜爱也深受爱默生的影响，且远比爱默生爱得深，具体表现在他的《瓦尔登湖》不仅直接引用"四书"十几处，而且整体上与道家思想有亲缘关系。林语堂在《生活的艺术》中说："梭罗的人生观，在所有的美国作家中，可以说最富有中国人的色彩，我把梭罗的文章翻译成中文说是中国诗人写的，一定不会有人怀疑。"①

《瓦尔登湖》引用"四书"，这里列举《我生活的地方；我为何生活》一章中的引用：

每一个早晨都是一个愉快的邀请，使得我的生活跟大自然自己同样地简单，也许我可以说，同样地纯洁无瑕。我向曙光顶礼，忠诚如同希腊人。我起身很早，在湖中洗澡；这是个宗教意味的运动，我所做到的最好的一件事。据说在成汤王的浴盆上就刻着这样的字："苟日新，日日新，又日新。"我懂得这个道理。②

我听说那一天，大家这样抢啊夺啊，要到报馆去听一个最近的国际新闻，那报馆里的好几面大玻璃窗都在这样一个压力之下破碎了——那条新闻，我严肃地想过，其实是一个有点头脑的人在十二个月之前，甚至在十二年之前，就已经可以相当准确地写好的。比

---

① 林语堂：《生活的艺术》，外语教学与研究出版社1998年版，第125页。
② 梭罗：《瓦尔登湖》，上海译文出版社1982年版，第82页。

如，说西班牙吧，如果你知道如何把唐卡洛斯和公主，唐彼得罗，塞维利亚和格拉纳达这些字眼时时地放进一些，放得比例适合——这些字眼，自从我读报至今，或许有了一点变化了吧——然后，在没有什么有趣的消息时，就说说斗牛好啦，这就是真实的新闻，把西班牙的现状以及变迁都给我们详详细细地报道了，完全跟现在报纸上这个标题下的那些最简明的新闻一个样；再说英国吧，来自那个地区的最后的一条重要新闻几乎总是1649年的革命；如果你已经知道她的谷物每年的平均产量的历史，你也不必再去注意那些事了，除非你是要拿它来做投机生意，要赚几个钱的话。如果你能判断，谁是难得看报纸的，那么在国外实在没有发生什么新的事件，即使一场法国大革命，也不例外。什么新闻！要知道永不衰老的事件，那才是更重要得多！蘧伯玉（卫大夫）派人到孔子那里去。孔子与之坐而问焉。曰：夫子何为？对曰：夫子欲寡其过而未能也。使者出。子曰：使乎，使乎。①

　　第一则引自《大学》，引用得非常恰当。梭罗把清晨在湖中洗浴看成精神洗礼的隐喻，不仅使发肤清洁健康，而且使品性永葆纯洁。

　　第二则引自《论语·宪问》。蘧伯玉是卫国大夫，孔子的好朋友。《论语》中的这段话有两层意思，一层讲蘧伯玉是个好使者，说话真实不虚；更深层的意思是对蘧伯玉的赞美：知道自己的过错，想减少自己的过错，且对自己很难减少过错有愧怍。这说明他是真正的修行人。梭罗在这里是引申性或者说是创造性地引用。他

---

① 梭罗：《瓦尔登湖》，上海译文出版社1982年版，第88页。

是从蘧伯玉"欲寡其过而未能"的事件中悟出自我修行是永远有价值的事，并以此来说新闻应当报道对人的修养真正有价值的事件。

至于梭罗与道家的亲缘关系，这里不展开讨论。大体而言，梭罗热爱自然，主张"人是自然的一部分"，正与道家的"天人合一"的思想相合；梭罗提倡简朴的生活，与老庄主张的返璞归真的观念一致；梭罗反对政府对个人的干涉，甚至要政府一事不管，与老子的无为而治的思想如出一辙。这些思想，表现在《瓦尔登湖》中，就是整体上的寂寞、恬静、朴素、淡泊。①

2. 美国第一位大力传播中国文化的诗人

梭罗之后，中国文化在美国长期受到歧视。"1950年以前，美国社会受殖民主义的影响，把中国视为他物，为异国情调，视中国人为愚朴、无助的农民，甚至视中国人为威胁白种人的'黄祸'，有些美国诗人的作品就为这些偏见所左右。一直到1960年才有些美国诗人正视现实里的中国。"②

此时，最先发现并大加称颂、大力传播中国文化的是意象派的代表人物——埃德拉·庞德。

庞德（1885—1972）是美国著名诗人兼学者，欧美意象派诗歌的开山人，对西方现代诗歌的发展影响巨大，是20世纪影响世界诗歌的重要人物。庞德是叶芝的学生，詹姆斯·乔伊斯（《尤利西斯》作者）的挚友，艾略特（《荒原》作者，诺贝尔文学奖获得者）的同学，海明威的老师。庞德因为二战期间成了法西斯意大利墨索里尼的支持者，战后以叛国罪被羁押，后转入精神病院。庞德

---

① 徐迟：《瓦尔登湖·译本序》，上海译文出版社1982年版。
② 钟玲：《美国诗与中国梦》，广西师大出版社2003年版，第1页。

的《在一个地铁车站》是意象派的经典之作：

> 人群中这些面孔幽灵一般显现；
> 湿漉漉的黑色枝条上的许多花瓣。

作为意象派的领袖，庞德首先是惊讶于中国诗歌的意象美。1913年他爱上中国文化后，即翻译了李白等诗人的作品，于1915年在伦敦出版《古中国》。这本诗集迅即在欧美引起很大的反响。艾略特在给这本诗集写的序中说，庞德是"中国诗歌之发明者"。

著名学者叶维廉说，庞德对中国诗歌意象的理解，"仿佛已接近了道家的思域"[1]。他引了庞德的两段话为证：

最正确最完整的象征是自然事物，如果人要用"象征"，他必须使其象征的作用不成为一种障碍，结果是应该对不知象征之为象征之所以焉者不觉得茫然若失，也就是，对他们来说，一只鹰就是一只鹰那样易明。

中国诗既具有绘画的鲜明活泼，复具有声音的动态，也许我应该说，它比两者都来得客观来得戏剧化。在阅读中文时，我们不像（西方那样）把符码抛来抛去，而是看着事物在我们眼前演出它们的命运。

叶维廉解释说："不'把符码抛来抛去'和'看着事物在我们

---

[1] 叶维廉：《道家美学与西方文化》，北京大学出版社2002年版，第44页。

眼前演出它们的命运'就是不涉思迹的干预,任物自然自发自成。"①

这实际上就是我们通常所说的意象及意象叠加,如"千山鸟飞绝,万径人踪灭。孤舟蓑笠翁,独钓寒江雪",如"枯藤老树昏鸦,小桥流水人家,古道西风瘦马。夕阳西下,断肠人在天涯",等等。

庞德在这种意象理解下翻译的中国诗,被称为创意英译。如他将李白的"惊沙乱海日"一句翻译成"惊奇/沙漠的混乱/大海的太阳";将刘彻的"望彼美之女兮安得?感余心之未宁"译为"给我欢乐的她在落叶下/一片湿叶沾在门槛上"。

这种创意英译早已成为美国诗歌的一部分。1977年美国诗人学会举办的"中国诗歌与美国想象力"大会上,诗人们认为"创意英译对英语本身贡献很大","已经实现了英语之为诗歌语言的一些潜能"。"一些美国诗人不但承认自己受了这些创意英译的影响,并且认为许多其他美国诗人也都受到了影响,即他们认为这影响是一种普遍的现象。"②

庞德与中国文化的关联,还在于他的巨著——《诗章》。花了他半个多世纪(1915—1970)心血的《诗章》是美国现代派诗歌的丰碑,也可以说是一部人类文明史的浓缩。中国文化的主题在这部鸿篇巨制中几乎无处不在,尤其是儒家思想始终在《诗章》中占据着重要地位。全诗共120章,第13章为《孔子诗章》,第53至第61章为《中国诗章》,第72章开始为《比萨诗章》。美国学者

---

① 叶维廉:《道家美学与西方文化》,北京大学出版社2002年版,第45页。
② 钟玲:《美国诗与中国梦》,广西师大出版社2003年版,第43页。

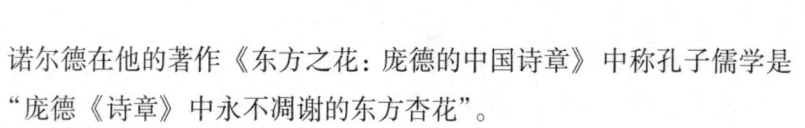

诺尔德在他的著作《东方之花：庞德的中国诗章》中称孔子儒学是"庞德《诗章》中永不凋谢的东方杏花"。

庞德《诗章》的最大特征，是用"接近了道家的思域"表达他极力推崇的儒家文化。因此可以说，《诗章》处处渗透了儒道思想。

庞德为何如此珍爱中国文化？他在"孔子诗章"的最后三行可以作答：

> 杏花
> 从东方吹到西方
> 我一直努力不让花凋落

他在生命的最后时刻对此有了更诗意也更动人的回答：

> 我曾试图写出天堂
> 别动
> 让风说话

3. 雷克思罗斯与道家

1950年以后，美国诗人雷克思罗斯、史奈德以一种非常虔诚的态度拥抱中国文化，尤其是道家与禅宗。

肯尼斯·雷克斯罗斯（1905—1982），中文名王红公，美国20世纪杰出的诗人，是美国现代诗的重要代表。他是继庞德之后第一个全心全意拥抱中国文化的美国诗人。20世纪40年代后期发起"旧金山文艺复兴"，对"垮掉的一代"影响很大，被誉为"垮掉派教父"。后期诗歌受道家思想和中国古典诗歌的启示，摒弃雄辩而趋于"直呈"，充满了澄静的智慧。他的诗歌理论与诗歌实践，使战后美国诗歌重新焕发了活力。

在中国诗人中雷克斯罗斯偏爱杜甫，1956年出版的《中国诗歌一百首》中，他收入杜甫诗作35首。他在《自传小说》里说："三十年来我心中塞满着他（杜甫）的诗。我确切知道他使我换骨弃胎，不管作为道德的原因，还是作为观物感物的有机体。""我自青年时代便在杜甫的诗中浸淫，这些年来我认识他的诗比我自己的还多。"他甚至说，杜甫的诗从某一角度来看，"比荷马或莎士比亚都好"，说杜甫的诗来自一个"更健全、更古老、更现世的文化"。①

而他所认识的"更健全、更古老、更现世的文化"更多的则是具有道家情怀的文化。他非常喜欢《老子》，他在《星期六评论》发表的一系列关于经典阅读的文章有一篇叫做《老子，〈道德经〉》，在他列出的对自己影响巨大的十部书中就有《老子》。因此，他的诗作常有很浓的道家情怀。看他的《另一个春天》：

> 季节循环，年月变换
> 无需人助，无需管理
> 月亮，无需用思
> 周期环转，月满，月缺，月满

他所表达的是"在我们身体外、思想外自生自化自主自足的自然现象"②。

---

① 叶维廉：《道家美学与西方文化》，北京大学出版社2002年版，第68、第69页。

② 叶维廉：《道家美学与西方文化》，北京大学出版社2002年版，第70页。

再看他的长诗《心之苑，苑之心》的第一节：

> 古筝牧场，三弦琴湖
> 山如鼓；水似笛
> 在月光下整夜鸣响
> 候鸟在屋顶
> 啁啾
> 杜鹃花盛开
> 夏天到了
> 一位六十
> 的男人，徜徉于
> 山林之中，采摘
> 蘑菇，嫩蕨
> 和竹笋，聆听
> 心灵深处
> 那随着时空远逝的歌
> 谷神不死
> 是谓玄牝
> 玄牝之门
> 是谓天地根
> 绵绵若存
> 用之不勤

"谷神不死，是谓玄牝，玄牝门，天地根。绵绵若存，用之不勤。"这几句直接摘录自《老子》第六章。"谷神"是指孕育天地万物的无形的"道"。原文的大意是说：天地万物生生不息，这就是所谓的"玄牝"。"玄牝"的门，天地万物从这里产生，所以叫作天地的根。它化生万物，永不停息。诗中描写的蘑菇、嫩蕨、竹笋等即是大自然中生生不息的生命体。诗人将《老子》原文引入诗歌，与自然风光相对应，在宛如笛鸣的水声中，体味老子思想的精妙玄理，充满趣味。

这首《心之苑，苑之心》长诗还引入了《老子》中的"水"等概念，也很有意味。雷克斯罗斯还有诸如《阴与阳》等诗作，更是用来阐释自己的道家思想的作品。

4. "垮掉的一代"代表性诗人史奈德与道家

史奈德是"垮掉的一代"的代表性诗人之一，对美国诗坛影响很大。他从小就喜爱中国文化，他说："我生长在太平洋西北区的山林里，年幼时，有一次父亲带我到西雅图的博物馆去看正在展出的中国画，我立刻就喜欢了，因为那是我认识的山，我认识的水，和我实际生活里看见的一模一样。""这句话的意思是：西方艺术教育中的山水画和山水诗都是见山不是山，见水不是水，而是将之寓意化、拟人化、象征化或作别的实用题旨的衬托。这个雏形的对山水的喜爱和肯定，奠定了史奈德以后大部分的生活方式和观物表物形态。他和原始山水的接触引带他进入印第安人祭礼和诗的研究，他对中国山水画的喜爱引带他进入中国文化、中国诗和禅宗的研究。在他进入加州大学伯克利校区跟陈世骧读译王维、韦应物和寒山之前，曾在高原沙漠地带独居了5个月，风餐露宿地静坐，他告诉我，他一下山便接触到寒山，所以译来景物字句犹如己出。显然地，他这三方面的兴趣都有共通的地方。初民对自然的感应是具体的，把万物视为自主自足共同参与太一的运作，其时人与自然未尝分极；山水诗中的道家美学强调重获素朴的视觉，任物自由自然自

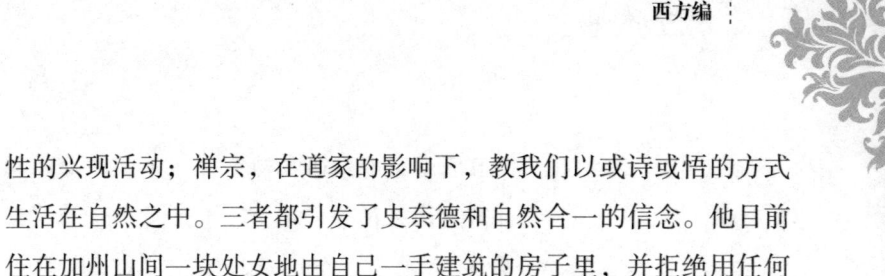

性的兴现活动；禅宗，在道家的影响下，教我们以或诗或悟的方式生活在自然之中。三者都引发了史奈德和自然合一的信念。他目前住在加州山间一块处女地由自己一手建筑的房子里，并拒绝用任何污染人类残害自然的工业产品。他对山水自然的看法都是上述三方面兴趣的升华，很多是道家思想的特写。"①

读史奈德一首诗，更能看出中国文化对他影响之深：

光的用处

它温暖了我的骨骼
石头如此说
我把它吸入身体中，生长
群树这么说

上面是叶子
下面是根
一大片朦胧的白色
把我由黑夜引了出来

那只飞蛾在他的逃逸中说——
我闻到的东西
我听见的东西

---

① 叶维廉：《道家美学与西方文化》，北京大学出版社2002年版，第75—76页。

而且我看见有东西在动

那只鹿这么说——

高楼

在一片大平原上

如上

一层楼

可穷千里目

禅

这首《光的用处》"排出所影响的六重境界，应该是越到后来，境界越高：对石头而言，只是身体温差的感觉；对树而言，是身体上生长变化的感受；对蛾而言，是一种直觉的反应；对鹿而言，是感觉的开窍；对人而言，是视野的拓广，在此他引用了中国唐朝诗人王之涣的句子'欲穷千里目，更上一层楼'；那么第六段的一个'禅'字是什么境界呢？是心中一片光明，顿悟的境界，是知觉的最高境界。如果中英文俱通的读者读到这首诗时，最后一个'禅'字就是这首诗的高潮，如果是不识中文的读者，这首诗就少了一个最高层次的意义。在此，史奈德已把中文译成英诗传统中的一部分……没有用英文'zen'字，而使用汉字的'禅'，应是他化汉字为英文诗语的一种策略，总的来说，这呼应了他的诗歌广为吸收中国及日本文化传统的策略"[1]。

史奈德之后，道家思想一直影响着美国诗坛，直到今天。

---

[1] 钟玲：《美国诗与中国梦》，广西师大出版社2003年版，第179—180页。

为什么道家思想在美国有如此大的魅力？因为"20世纪两次世界大战，破坏甚巨，动摇了西方人的宗教信仰，加上第三世界各民族逐渐一个个从西方殖民地或半殖民地的地位迈向独立自主，而传统的西方帝国如西班牙、葡萄牙及大英帝国等——没落，以上种种皆令西方人的自信心为之动摇。西方人的宗教信仰动摇了，文化上的优越感也动摇了，于是他们不可能再持有那种绝对的信念了。与西方思想不同，道家主张，宇宙间万事万物皆非绝对的，而是相对的，就如同阴阳相生相克，生生不息。因此在西方人向外寻求新信念的时候，道家的思想正好补足西方信仰上的缺失。此外，西方的各种哲学理论皆重体系，凭借逻辑和理性，周备地发展出囊括一切的思想体系。道家虽然也是要寻求宇宙的真理，却不用理性与体系的方式来呈现宇宙真理。禅宗更不太讲佛学理论，而是注重生活经验本身，注重感觉和体悟。道家和禅宗的直观方式，对于惯用逻辑思维的西方人而言，是一种弥补，也是一种挑战。但另一方面来说，西方人吸收东方思想，仍是以西方为本位：习惯用整体体系来思维的西方人，自然而然会尝试把东方的思维方式纳入其体系，借此他们可以让西方的思想体系更巨细不遗"[①]。

道家与博尔赫斯

豪尔赫·路易斯·博尔赫斯（1899—1986），阿根廷著名作家。智利大诗人、1971年诺贝尔文学奖获得者巴勃罗·聂鲁达说：博尔赫斯是"影响欧美文学的第一位拉丁美洲作家"。秘鲁著名作家、2010年诺贝尔文学奖获得者马里奥·巴尔加斯·略萨说："博尔赫

[①] 钟玲：《美国诗与中国梦》，广西师大出版社2003年版，第15页。

斯不仅是当今世界最伟大的文学巨匠，而且还是一位无与伦比的创造大师。正因为博尔赫斯，我们拉丁美洲文学才赢得国际声誉。他打破了传统的束缚，把散文推向了一个极为崇高的境界……这是一位有着令人惊叹的想象力、令人惊叹的文化素养，驾驭着令人惊叹的简约、精炼、准确的文字的文学巨星。"布鲁姆在《西方正典》中将博尔赫斯列入影响世界文学的26位大师之列。博尔赫斯的主要作品有《小径分岔的花园》《迷宫》《沙之书》《老虎的金黄》等。

博尔赫斯在中国被誉为"作家中的作家"，对莫言、余华、残雪、潘军、马原、格非等一大批作家以及整个中国文坛产生过深刻的影响。

先来读博尔赫斯的一篇散文。

长城和书

他的长城界限了流浪的鞑靼人……
——《群愚史诗》①，第二章第76行

前几天，我在书上看到那个下令修筑中国的长得几乎没有尽头的城墙的人是第一个皇帝，始皇帝，他还申令全国焚毁先于他的全部书籍。这两项规模庞大的行动——抵御蛮族的五六百里格长的石墙和严格地废止历史，也就是说废止过去——竟然出自一人之手，

---

①《群愚史诗》是英国诗人蒲柏为反击论敌而写的讽刺作品，全诗四卷，其中叙说愚昧王国的桂冠诗人在梦中见到王国过去、现在和将来的成就，愚昧女神禁止人们思想，使他们孜孜于愚蠢的琐事，最后黑夜和混乱统治一切。引文原文为英文。

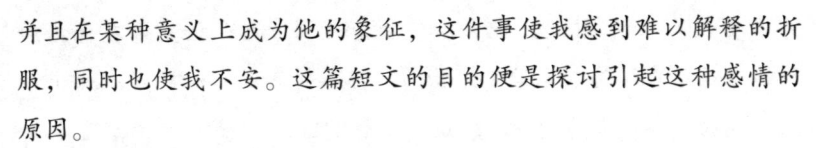

并且在某种意义上成为他的象征，这件事使我感到难以解释的折服，同时也使我不安。这篇短文的目的便是探讨引起这种感情的原因。

从历史观点考虑，这两项措施并无神秘之处。秦始皇帝与军功显赫的汉尼拔同一时代，他并吞六国，结束了封建割据的局面；他修筑长城，因为城墙是防御工事；他焚书，因为反对派引经据典颂扬以前的帝王。焚书和筑防御工事是君主们常干的事；始皇帝的独特之处在于他行动的规模。某些汉学家是这么解释的，但我认为我刚才提到的事实不是把一些普通的事实加以夸张的问题。给菜圃或花园筑一道围墙是常有的事；把一个帝国用城墙围起来就不一般了。企图使具有最悠久传统的种族放弃对过去的记忆也不是一桩小事，不论他的过去是神话还是现实。当始皇帝下令历史以他为起点时，中国人已经有三千年文字记载的历史了。

始皇帝曾逐出淫乱的圣母，正统的人认为他这种严厉的处置是不敬；始皇帝之所以要废止整个过去，也许是为了抹掉一个回忆：他母亲的丑行。（一个犹太国王也有类似情况，为了要杀一个小孩子，杀尽了所有的孩子）这一推测值得重视，但我们还没有关于神话的另一侧面——长城——的线索。据历史学家的记载，始皇帝禁止提死亡，并寻求长生不老的灵药，在一座象征的宫殿里深居简出，那座宫殿的房间同一年的日子数目相等；这些资料表明，空间范畴的长城和时间范畴的焚书是旨在阻挡死亡的有魔力的屏障。巴鲁克·斯宾诺莎说过，一切事物都希望永远存在；这位皇帝和他的方士们也许认为长生不死是内在的本质，外邪进不了一个封闭的世界。也许那位皇帝为了真正成为第一，便想重新开创时间，自称为"始"，为了仿效那个发明文字和指南针的传说中的黄帝，他便自称为"皇帝"。据《礼记》记载，黄帝为万物正名；始皇帝在传诸后代的碑铭中自诩说在他治下万物的名字各得其所。他想建立一个千秋万代的王朝；命令他的继承人称为二世、三世、四世，直至永远……我谈了魔力方面的意图；也可以设想筑城和焚书不是同时采取的行动。按照我们选择的顺序，我们可以设想那个国王先是破坏，后来出于无奈才做保护工作，或者大彻大悟，破坏了他先前维护的东西。两种设想都有动人之处，但据我所知都缺乏历史基础。汉学家崔理思说凡是隐匿书籍，不交出焚毁的人一概打上烙印，被罚苦役，终身去筑那不知伊于胡底的城墙。这种说法推动或者容忍了另一种解释。也许长城是一个隐喻，始皇帝罚那些崇拜过去的人去干了一件像过去那样浩繁、笨拙、无用的工程。也许长城是一种挑战，始皇帝是这么想的："人们厚古薄今，我和我的刽子手无法改变这种状况，但以后可能出现想法和我相同的人，他像我毁书一样毁掉我的长城，那人抹去我的名声，却成了我的影子和镜子而不自知。"始皇帝筑城把帝国围起来，也许是因为他知道这个帝国是不持久的；他焚书，也许是因为他知道这些书是神圣的，书里有整个宇宙或每个人的良知的教导。焚书和筑城可能是相互秘密抵消的行动。

目前和今后在我无缘见到的土地上投下影子的长城，是一位命令世上最谦恭的民族焚毁他过去历史的恺撒的影子；我们这个想法可能是自发的，与猜测无关。（它的特性可能在于规模庞大的建设与破坏之间的矛盾）把上述情况加以概括，我们或许可以得出这样的推论：一切形式的特性存在于它们本身，而不在于猜测的"内容"。这符合克罗齐①的论点,而佩特②早在1877年已经指出,一切艺术都力求取得音乐的属性,而音乐的属性就是形式。音乐、幸福的状态、神话学、时间塑造的面貌、某些晨暮的时刻以及某些地点,都想对我们说些什么,或者说了些我们不该遗忘的事,或者正要向我们传达某些信息;这一即将来临然而没有出现的启示或许正是美学的事实。

1950年,布宜诺斯艾利斯

博尔赫斯神往中国,钟情于中国传统文化,他对《易经》《庄子》《道德经》《红楼梦》《水浒传》《聊斋志异》等都非常崇敬,反复阅读且深受影响。他的作品或直接以中国为题材,如小说《女海盗金寡妇》《小径分岔的花园》等;或引用中国古典典籍《道德经》《易经》《庄子》《诗经》以及韩愈诗文;或直抒对中国的神往之情,如诗歌《漆手杖》《皇宫的寓言》《为〈易经〉的一个版本而作》;或评论中国古典小说,写有《曹雪芹和〈红楼梦〉》《施耐庵和〈水浒传〉》《〈聊斋志异〉序言》。

博尔赫斯精通西班牙语、英语、德语、法语,钻研过拉丁语和古英语,中年以后还掌握了冰岛语。他极其热爱阅读,尽管不懂汉

---

① 克罗齐(1866—1952),意大利哲学家、美学家、文学批评家、历史学家。他有四部反映他哲学体系的著作:《美学》《逻辑学》《实践活动的哲学》《历史学的理论与实践》。克罗齐的美学基本概念是直觉即艺术。他认为直觉的功用是给本无形式的情感以形式,使它因为成为意向而形象化。

② 佩特(1839—1894),英国作家、批评家,是19世纪末主张"为艺术而艺术"的美学运动的代表人物,著有《文艺复兴史研究》《柏拉图和柏拉图主义》等。

语，但借助语言优势，阅读过翟理斯、卡夫卡、叔本华、莱布尼茨、歌德、庞德、荣格等热爱中国文化的西方作家或学者的相关著作，并深受影响。他编译过《聊斋志异》和《红楼梦》的两个片段——"宝玉之梦"（《红楼梦》第5回"贾宝玉神游太虚境，警幻仙曲演红楼梦"）和"风月宝鉴"（《红楼梦》第12回"王熙凤毒设相思局，贾天祥正照风月鉴"），翻译过《诗经》等。

博尔赫斯对中国古代许多著作都给了非常高的评价，且在自己的文中经常提及或引用。博尔赫斯把《易经》看作是中国乃至世界的最高智慧，他说："在这个人世间，只诞生过一个人，只死过一个人。说别的纯属统计数字，实在多余……那个人就是尤利西斯、亚伯、该隐、那布下星斗的始祖、那修建第一座金字塔的人、《易经》卦相的记录者……"

前面引录的《长城和书》是博尔赫斯的一篇哲理散文。博尔赫斯对长城神往已久，他曾说："不去访问中国，我死不瞑目。长城我一定要去。"1981年他对中国学者黄志良说："我已经失明，但是能感受到。我要用手抚摸那些宏伟的砖石。"[①]《长城和书》表达了博尔赫斯对长城的由衷的崇敬之情和独到的思考——借助建造长城和焚书这两件事再一次佐证他对时间和空间的观点。博尔赫斯常采用时间和空间的轮回与停顿、梦境和现实的转换、幻想和真实之间的界限连通、死亡和生命的共时存在、象征和符号的神秘暗示等手法，把历史、现实、文学和哲学之间的界限打通，模糊它们的疆界，带给读者一个神秘的、梦幻般的、繁殖和虚构的世界，在真实和虚幻之间，找到了一条穿梭往来的通道，并带领读者不断地往

[①] 黄志良：《出差拉美的岁月》，江苏人民出版社1996年版，第192页。

返，获得神奇的阅读感受。

博尔赫斯钟情于老庄哲学并深受其影响。1980年在印第安纳大学的一次座谈中，博尔赫斯说："我希望去中国和印度，我已身在那里。"他还说："我多次读过《道德经》的许多译本。我认为阿瑟·韦利的译本最好，但我也读过卫礼贤的译本和法文译本，及几种西班牙译本。"对道家的另一重要著作《庄子》，博尔赫斯也珍爱有加。博尔赫斯曾和比奥伊夫妇合编《幻想文学作品选》（1940年布宜诺斯艾利斯南美洲出版社出版），就收入了《庄子》节选。仅仅"庄周梦蝶"这一意象，博尔赫斯就在其著作中先后七次提及或援引。

受道家思想的影响，博尔赫斯的多部作品的主旨与《道德经》和《庄子》的某些思想相吻合，如《一个厌倦人的乌托邦》《环形废墟》《柯尔律志之梦》《双梦记》《阿莱夫》等，并且他在自己的诗歌、散文中多次引用或提到老子《道德经》和庄子寓言。

博尔赫斯受庄子的相对主义和绝对精神自由的启发非常明显，这在他那些论述梦、时间和空间的作品中表现得更加充分。如改自《一千零一夜》的《双梦记》，讲述了两个人做梦的故事：开罗有个富翁，在自家花园的无花果树下梦见他的财宝在波斯的伊斯法罕，便启程去找，但在伊斯法罕被误认为是海盗被抓了起来。审讯中，寻梦人讲述了原委。守备长忍俊不禁，说："鲁莽轻信的人啊，我三次梦见开罗城的一所房子，房子后面有个日晷，日晷后面有棵无花果树，无花果树后面有个喷泉，喷泉底下埋着宝藏。我根本不信那个乱梦。"寻梦人回到开罗后，果真在自家花园的喷泉下找到了宝藏。

博尔赫斯认为时间是非线性的："这个世界是一个永无止境的迷宫，是一个混沌，是一个梦。"这与庄子的相对主义多么相似。

最后请欣赏博尔赫斯有关《红楼梦》的评述文章：

曹雪芹和《红楼梦》

1645年——克韦多去世的同一年——泱泱中国已被满族人征服，征服者是些文盲和骑马的人。于是发生了在这类灾难中无情地发生的事：粗野的征服者看上了失败者的文化并发扬光大了文学和艺术，出现了许多今天已是经典的书。其中有一部杰出的小说，他由弗兰茨·库恩博士译成了德文。这部小说一定会使我们感兴趣的：这是优于我们近三千年的文学中最有名的一部小说的第一个西方文学版本（其他都是缩写本）。

第一章叙述一块来自天上的石头的故事，这块石头原是用来补天穹的漏洞的，但是这件事没有做成。第二章叙述主人公出生时在舌头下含着一块玉。第三章向我们介绍主人公"面若中秋之月，色如春晓之花，鬓若刀裁，眉如墨画，睛若秋波，虽怒时而似笑"。然后，小说稍不负责或平淡无奇地向前发展，对次要人物的活动，我们弄不清楚谁是谁。我们好像在一幢具有许多院子的房子里迷了路。这样，我们到了第五章，出乎意料，这是魔幻的一章。到第六章，"初试云雨情"。这些章节使我们确信见到了一位伟大作家，而第十章又证明了这一点，该章绝不逊于埃德加·艾伦·坡或弗兰茨·卡夫卡：贾瑞误照风月镜。

全书充斥绝望的肉欲。主题是一个人的堕落和最后以皈依神秘来赎罪。梦境很多，更显精彩，因为作者没有告诉我们这是在做梦，而且直到做梦人醒来，我们都认为它们是现实（陀思妥耶夫斯基在《罪与罚》的最后使用过一次，或连续两次使用过这个手法）。有大量的幻想：中国文学不了解"幻想文学"，因为所有的文学，在一定的时间内，都是幻想的。